Hécate

La guía definitiva para entender a la diosa de la brujería y la antigua magia griega

© Copyright 2024

Todos los derechos reservados. Ninguna parte de este libro puede ser reproducida de ninguna forma sin el permiso escrito del autor. Los revisores pueden citar breves pasajes en las reseñas.

Descargo de responsabilidad: Ninguna parte de esta publicación puede ser reproducida o transmitida de ninguna forma o por ningún medio, mecánico o electrónico, incluyendo fotocopias o grabaciones, o por ningún sistema de almacenamiento y recuperación de información, o transmitida por correo electrónico sin permiso escrito del editor.

Si bien se ha hecho todo lo posible por verificar la información proporcionada en esta publicación, ni el autor ni el editor asumen responsabilidad alguna por los errores, omisiones o interpretaciones contrarias al tema aquí tratado.

Este libro es solo para fines de entretenimiento. Las opiniones expresadas son únicamente las del autor y no deben tomarse como instrucciones u órdenes de expertos. El lector es responsable de sus propias acciones.

La adhesión a todas las leyes y regulaciones aplicables, incluyendo las leyes internacionales, federales, estatales y locales que rigen la concesión de licencias profesionales, las prácticas comerciales, la publicidad y todos los demás aspectos de la realización de negocios en los EE. UU., Canadá, Reino Unido o cualquier otra jurisdicción es responsabilidad exclusiva del comprador o del lector.

Ni el autor ni el editor asumen responsabilidad alguna en nombre del comprador o lector de estos materiales. Cualquier desaire percibido de cualquier individuo u organización es puramente involuntario.

Su regalo gratuito

¡Gracias por descargar este libro! Si desea aprender más acerca de varios temas de espiritualidad, entonces únase a la comunidad de Mari Silva y obtenga el MP3 de meditación guiada para despertar su tercer ojo. Este MP3 de meditación guiada está diseñado para abrir y fortalecer el tercer ojo para que pueda experimentar un estado superior de conciencia.

https://livetolearn.lpages.co/mari-silva-third-eye-meditation-mp3-spanish/

¡O escanee el código QR!

Índice de contenidos

INTRODUCCIÓN 1
CAPÍTULO 1: ¿QUIÉN ES REALMENTE HÉCATE?........................... 3
CAPÍTULO 2: LA BRUJA HÉCATE 14
CAPÍTULO 3: SIGNOS Y SÍMBOLOS DE HÉCATE......................... 24
CAPÍTULO 4: CONEXIÓN CON HÉCATE....................................... 36
CAPÍTULO 5: HERBOLOGÍA DE HÉCATE 47
CAPÍTULO 6: CREAR UN ALTAR PARA HÉCATE......................... 62
CAPÍTULO 7: EL DEIPNON Y OTROS RITUALES 72
CAPÍTULO 8: HECHIZOS HECATEANOS 81
CAPÍTULO 9: ADIVINACIÓN CON HÉCATE................................. 92
BONUS: HIMNO ÓRFICO A HÉCATE 102
CONCLUSIÓN 104
VEA MÁS LIBROS ESCRITOS POR MARI SILVA 106
SU REGALO GRATUITO 107
REFERENCIAS.. 108

Introducción

Tanto si le interesa el mundo de la brujería como si disfruta explorando las leyendas, mitologías e historias de la antigua Grecia, es probable que haya oído hablar de la diosa Hécate. Ha sido una figura prominente en la brujería durante siglos debido a su asociación con el inframundo, las encrucijadas y la triple luna. Sus historias la presentan como protectora y guía, y a menudo la representan haciendo magia y lanzando hechizos. Se creía que Hécate, la guardiana del inframundo, practicaba la magia y realizaba rituales para guiar y proteger a los que viajaban por su territorio.

Hécate también enseñó a las diosas Medea y Circe valiosas técnicas de adivinación, como la práctica de la magia con hierbas. Por eso se le considera un símbolo de guía entre los practicantes de la magia. Los wiccanos tienen a Hécate en la más alta estima, ya que la veneran como la deidad de la magia, la oscuridad y la luna.

Este libro es la guía definitiva de todo lo que hay que saber sobre Hécate como diosa de la brujería y la antigua magia griega. Profundiza en sus atributos, mitos, poderes y arquetipos, y proporciona información sobre cómo trabajar de forma segura con ella espiritual y ritualmente. A pesar de que el libro contiene descripciones exhaustivas e históricas de la diosa, es muy fácil de entender y seguir. Esta guía es adecuada tanto para los recién llegados al mundo de la brujería y la antigua Grecia como para los lectores más experimentados.

Al leer este libro, comprenderá quién es realmente Hécate, una deidad polifacética que significa cosas diferentes para personas diferentes, y descubrirá cómo se le considera en el mundo moderno. El libro también explora el término "bruja de Hécate" y le ayuda a determinar hasta qué punto se siente atraída por la deidad y cuál es la mejor manera de llevar a cabo su práctica. Aprenderá sobre los diversos signos, herramientas y símbolos asociados a la diosa y conocerá los orígenes de la "rueda de Hécate" o el strophalos. A continuación, encontrará un ejercicio práctico que le animará a recurrir a sus capacidades intuitivas para crear un símbolo único de Hécate.

Debería estar preparado para iniciar una conexión con Hécate después de leer los primeros capítulos, por lo que el capítulo 4 sirve de guía paso a paso sobre cómo establecer contacto con la diosa. Encontrará instrucciones y consejos para realizar ciertas meditaciones y visualizaciones que le ayudarán a acceder a su intuición y a un estado superior de conciencia. El capítulo siguiente se adentra en el herbolario de Hécate y profundiza en las hierbas más comúnmente asociadas con la deidad.

Este libro también proporciona instrucciones para crear su propio altar y adaptarlo para atraer a Hécate. Encontrará recomendaciones sobre qué herramientas incorporar a su santuario, orientación sobre cómo consagrarlas y bendecirlas, e ideas sobre cómo utilizarlas para fortalecer su conexión con la diosa. Entenderá cómo hacer ofrendas apropiadas y llevar a cabo diversos rituales prácticos. También conocerá los hechizos que puede utilizar para rezar a Hécate y todo lo relacionado con ella. Por último, descubrirá cómo incorporar la magia de Hécate a las prácticas adivinatorias.

Capítulo 1: ¿Quién es realmente Hécate?

Hekate o Hécate es una deidad polifacética que significa cosas diferentes para cada persona. En la antigüedad, se la consideraba una diosa de tres formas (trimorphos), portadora de llaves (kleidouchos) y portadora de luz y antorchas (phosphoros) que reside en los caminos y encrucijadas (einodia). Se la asocia con las puertas de entrada, la noche, la luz, los ritos liminales y las transiciones.

Hekate, o Hécate, es una deidad multifacética de la mitología griega
https://jenikirbyhistory.getarchive.net/amp/media/hekate-6e0c17

Hécate es una de las deidades más importantes de la mitología griega. Se la representa como "soteira" o salvadora de almas porque salvó a

Perséfone, la diosa de la primavera y de los muertos, después de que Hades (dios del inframundo) la secuestrara. Según los *oráculos caldeos*, Hécate es también un alma del mundo. A lo largo de la historia, su papel ha cambiado, los medievalistas y sus adoradores la limitaban a diosa de las brujas y la hechicería.

Hoy en día, muchas mujeres la idolatran y la consideran un icono feminista. Sin embargo, a menudo se la representa como una diosa oscura o una entidad a la que se puede invocar en busca de favores o venganza. Esta es una representación injusta de lo que realmente representa esta poderosa diosa. No se la puede clasificar en una sola categoría, ya que su personalidad tiene muchos aspectos diferentes, que descubrirá a medida que aprenda más sobre ella.

Entonces, ¿quién es realmente Hécate? ¿Es buena o mala? ¿Es una salvadora o una diosa oscura? Este capítulo desvelará el misterio de Hécate y le mostrará su verdadera identidad.

El nombre y los títulos de Hécate

En la transliteración griega, Hécate se escribe Hekate, derivado del nombre masculino Hekatos, un término utilizado para describir al dios del sol Apolo, que significa "el que trabaja desde lejos". Sin embargo, nadie conoce el verdadero origen de su nombre. De hecho, algunos estudiosos sostienen que tener un nombre griego no significa que proceda de la antigua Grecia, ya que algunos remontan sus raíces a Caria, en Asia Menor, situada en la actual Turquía.

En la antigua Roma, Hécate se llamaba Trivia, que significa "la del triple camino", en representación de su dominio sobre las encrucijadas.

También se le atribuyen muchos títulos.

- **Nyktypolos:** Significa "la que vaga de noche", asociado a su papel como diosa de la brujería y la magia.
- **Chthoniē:** Significa "ctónica", lo que simboliza su papel como diosa del inframundo.
- **Skylakagetis:** Significa "líder de los perros", lo que también se asocia a su papel como diosa de la brujería.
- **Trioditis:** Significa "la del camino triple", lo que representa su papel como diosa del inframundo.
- **Sōteira:** Significa "salvadora", mostrando cómo ayuda a la gente necesitada.

- Otros títulos que reflejan su naturaleza bondadosa son: "Kourotrophos", que significa "nodriza de los jóvenes", y "atalos", que significa tierno

La representación de Hécate

En las primeras representaciones de Hécate, se la representaba como a cualquier otra diosa de la época, sentada y con un atuendo modesto. Más tarde, se le representó en varias esculturas como una figura femenina con tres cuerpos y tres cabezas para significar su papel como guardiana de las encrucijadas, con cada uno de sus lados custodiando uno de los caminos.

La familia de Hécate

Hécate es hija de Asteria, la diosa titán de las adivinaciones nocturnas y las estrellas fugaces; Perses, el dios titán de la destrucción; la nieta de Coeus, el titán de la inteligencia; y Febe, el titán del intelecto brillante y la luna. Sin embargo, el autor griego Eurípides creía que su madre era Leto, la diosa de la maternidad. En otras leyendas, se la representa como hija de Zeus, la deidad principal y dios del cielo, Deméter, la diosa de la cosecha, o Zeus y Nyx, la diosa de la noche. Otros consideraban a Hera, la diosa de las mujeres, como su madre. Sin embargo, se cree que Hesíodo retrató la versión más exacta de su herencia en su poema que describe a Asteria y Perses como sus padres.

Su vínculo más estrecho es con Deméter, a quien algunos comparan con Hécate. Este estrecho vínculo se debe a la estrecha relación que ambas diosas entablaron cuando Hécate ayudó a Deméter a encontrar a su hija.

Aunque a menudo se la representa como una virgen, como Artemisa y Atenea, algunas leyendas afirman que es la madre de la bruja Medea, el monstruo Escila y otras criaturas míticas.

Hécate a lo largo de la historia

Anatolia (la actual Turquía) estaba estrechamente conectada con Grecia, y ambos países experimentaron un intercambio cultural a través de la migración, la colonización y el comercio. También tomaron prestadas leyendas y divinidades. Se cree que Hécate era originaria de Caria, en Anatolia, y que los antiguos griegos la tomaron prestada y la incorporaron a su panteón de dioses. Hécate tenía muchos seguidores en Caria y era la deidad principal de algunas ciudades.

Los griegos adoptaron a Hécate en su mitología durante el periodo arcaico, donde sufrió múltiples transformaciones. Homero no conocía a Hécate, por lo que no apareció en la mitología griega hasta que el poeta griego Hesíodo la mencionó por primera vez en su poema Teogonía. Hesíodo no la describe como la diosa del inframundo ni de la magia. Sin embargo, la mostró como muy respetada en el panteón de los dioses, donde Zeus la honraba y la tenía en muy alta estima. En su poema, Hécate era la diosa del cielo, el mar y la tierra, sin ninguna relación con la muerte o el inframundo. Era una diosa que ayudaba a ricos y pobres, débiles y fuertes.

En el siglo V, la representación de Hécate distaba mucho de ser como la describía Hesíodo en la literatura primitiva. Se la conoció como una diosa amenazadora y oscura. Sin embargo, el poeta griego Píndaro mencionó su lado suave describiéndola como "una virgen amistosa". También la acompañaban las erinias o furias (deidades de la venganza), que castigaban a quienes cometían actos malvados. Sus hijas, las empusas (demonios femeninos), se paseaban seduciendo a los hombres.

No fue hasta el siglo V cuando empezó a tener un papel más destacado en la mitología griega. Antes desempeñaba papeles secundarios en las historias de otras diosas, como Artemisa, la diosa de la caza y los animales salvajes, Perséfone y Deméter.

Todavía hoy se la representa como la diosa de la brujería y el inframundo. Sin embargo, nadie sabe a qué se debe este cambio.

En el siglo VI, Hécate era representada con una imagen muy diferente. Se le consideraba un alma cósmica o una entidad a la que se podía invocar mediante la contemplación o la práctica de determinados rituales.

No se sabe con exactitud cuándo se empezó a venerar a Hécate. Como muchas otras deidades griegas, existía antes de la mitología escrita. Las culturas antiguas transmitían sus historias oralmente de generación en generación. Como no existían fuentes literarias, estas historias sufrían muchos cambios. A menudo se añadían u omitían ciertos detalles hasta que diferían de las historias originales.

Aunque Hécate no aparece en los poemas épicos de Homero, sí lo hace su hija Circe. En Odiseo, una bruja del mar llamada Circe desempeña un papel considerable. Odiseo le pedía consejo para que él y sus hombres pudieran cruzar el mar con seguridad. Se la describía como una hechicera que podía maldecir a cualquiera que se cruzara con ella y convertirlo en una bestia; también era experta en magia, al igual que su madre.

Hécate también apareció en muchas obras literarias. William Shakespeare la mencionó en relación con extraños rituales y magia oscura.

La diosa

En la mitología griega, Hécate es la diosa de las puertas, las encrucijadas, la magia, la brujería, la luna, la agricultura, el matrimonio, los partos, los fantasmas, los perros infernales y otras criaturas de la noche. Tenía un papel en todo lo que concernía a la humanidad, tanto en la vida como en la muerte. Sin embargo, Hécate fue considerada principalmente una diosa de la brujería y la magia durante el siglo V. También se la asocia con la nigromancia y el ocultismo.

Influye enormemente tanto en el mundo de los vivos como en el de los muertos. Su dominio sobre la nigromancia y los fantasmas se debe a su capacidad para moverse entre los reinos. También elige a las almas que pueden viajar hacia y desde el inframundo, lo que le otorga el poder de resucitar a los muertos e invocar a los espíritus. Cuando recorre la tierra, suele ir acompañada de las almas de mujeres solteras y sin hijos. Los desplazamientos entre diferentes mundos fueron un tema recurrente en la vida de Hécate desde que nació en el reino de los titanes, pero encontró su lugar en el panteón olímpico entre los dioses griegos.

Es una diosa muy poderosa y misteriosa. No se la puede clasificar como una diosa buena o mala, ya que es capaz de ambas cosas. Algunos pueden estremecerse ante la mención de su nombre, mientras que otros la encuentran un refugio seguro que proporciona justicia y protección.

Sin embargo, esto no significa que haya que temer a Hécate. Su asociación con la magia y la brujería le da fama de diosa siniestra y terrorífica. El autor griego Hesíodo, uno de los primeros en mencionarla en la literatura clásica, la describió como una diosa bondadosa que siempre presta ayuda a quienes la invocan.

Hécate es también la diosa de los límites, como las fronteras, las murallas o las puertas. La frontera más importante de la mitología griega es la que separa la vida de la muerte. Los antiguos griegos creían que los espíritus de los muertos cruzaban esta frontera para llegar al otro mundo. Hécate puede describirse como un velo que separa ambos mundos mientras monta guardia en medio, vigilando a los vivos y a los muertos.

Hécate y la brujería

Los romanos y los griegos veneraban a Hécate como diosa de las brujas. En la historia del héroe griego Jasón y sus heroicos hombres, los argonautas, que vivieron muchas aventuras juntos, buscaron la ayuda de la bruja Medea, una de las devotas y seguidoras de Hécate, para que les ayudara en su viaje. El poeta helenístico Teócrito también contó la historia de Simaetha, que invocó a Hécate para que le devolviera a su amante Delfos.

Aunque Hécate es una deidad protectora y la diosa de los límites, su asociación más popular es con la magia. Nadie conoce el origen de la transición de Hécate a la brujería, ya que al principio apareció como una diosa bondadosa relacionada con aspectos luminosos. Sin embargo, se cree que se asoció con la magia cuando sus poderes evolucionaron y pudo conceder favores a sus seguidores. Ser la diosa de todos los límites, incluido el que existe entre lo sobrenatural y lo natural, contribuyó a convertirla en la diosa de la brujería.

Se convirtió en una bruja oscura debido a su conexión con el inframundo. Como podía moverse libremente entre los mundos, podía descubrir los secretos de los vivos y los muertos.

Hécate compartía sus conocimientos mágicos con sus devotas seguidoras, como Medea.

La protectora

Hécate es una diosa protectora por su papel de guardiana de puertas y fronteras. Vigila las ciudades y los hogares para evitar que el mal penetre en ellos. A menudo se la llamaba Apotropaia, que significa "apartar", lo que simboliza su función protectora de los lugares. Existe incluso un tipo de magia llamada apotropaica, inspirada en la diosa, que protege los hogares del daño y el mal. Incluso sus perros desempeñan una función protectora. Actuaban como perros guardianes ladrando para avisar a los propietarios de intrusos o peligros.

La diosa no solo mantiene alejado el mal, sino que también lo deja pasar y entrar en las casas. Si usted enfada o falta al respeto a la diosa, ella permite que la mala suerte y el mal entren en su hogar. Hesíodo mencionó en su poema que Hécate tenía el poder de permitir o negar la desgracia.

Cultos a Hécate

El geógrafo griego Pausanias afirmó que Hécate tenía muchos cultos en su nombre en varias islas griegas. Por ejemplo, un misterioso culto en Egina veneraba a la diosa y creía que podía curar enfermedades mentales. En otras islas, como Miletos, Eritrea, Tesalia, Kos y Samotracia, había muchos cultos dedicados a Hécate, donde sus seguidores construían altares y ofrecían sacrificios en su honor. La diosa también fue venerada durante las épocas romana y helenística.

Hécate era venerada en muchos otros lugares del mundo, con diversos cultos que la veneraban en privado o en público.

Hécate en otras culturas

Hécate no solo era popular entre griegos y romanos, sino que muchas otras culturas antiguas la invocaban cuando necesitaban ayuda con la brujería. En el antiguo Egipto se descubrió un papiro mágico que contenía varios hechizos y textos mágicos asociados a Hécate. Sin embargo, se le atribuían otros nombres, como Selene, Perséfone, Brimo y Baubo.

Hécate en la mitología griega

No se puede conocer realmente a Hécate ni su personalidad sin aprender acerca de su papel en los mitos griegos.

El rapto de Perséfone

Hades estaba enamorado de su bella sobrina Perséfone. Sabía que su madre, Deméter, la protegía y nunca le daría su mano a nadie. Así que un día decidió raptarla. Mientras Perséfone paseaba por el campo oliendo flores, Hades subió del inframundo en un carro y la raptó. Perséfone estaba aterrorizada y gritaba, y la única que escuchó su grito de auxilio fue Hécate.

Tras perder a su hija, Deméter quedó desolada y la buscó por toda la Tierra. Hécate acudió a ella y le explicó que había oído gritar a Perséfone, pero que no sabía quién se la había llevado. Hécate sugirió a Deméter que acudiera a Helios (el dios del Sol) en busca de su ayuda, ya que él podía ver todo lo que ocurría en la Tierra. Helios le dijo a

Deméter que Hades era quien había raptado a su hija.

Deméter estaba deprimida e ignoraba sus obligaciones. Como diosa de la agricultura, abandonó las tierras y los cultivos, dejando que la humanidad muriera de hambre. Sin embargo, Hécate no se separó de ella y fue su fiel compañera hasta que su hija regresó.

Zeus, marido de Deméter y padre de Perséfone, interfirió y le devolvió a su hija. Hécate se alegró mucho de tener a Perséfone de vuelta y de verla reunida con su madre. Se convirtió en la asistente de Perséfone y la acompañó al inframundo. De no ser por Hécate, Deméter nunca habría podido encontrar a su hija. También fue honrada y muy respetada en los cultos de Perséfone y Deméter por reunir a madre e hija. Este incidente también le valió a Hécate el epíteto de "sōteira".

El nacimiento de Zeus

Varios mitos cuentan la historia del nacimiento de Zeus. En una versión, Cronos (el dios del tiempo, rey de los titanes y padre de Zeus) temía que sus hijos crecieran algún día y lo derrocaran. Así que, para protegerse, se los tragó a todos después de nacer. Cuando su esposa Rea, la diosa madre, dio a luz al más joven, Zeus, no quiso que corriera la misma suerte que sus otros hijos. Puso una piedra en la ropa para que se pareciera a su hijo recién nacido y se la entregó a Hécate para que se la llevara a Cronos, que se la tragaría en lugar de Zeus, a quien Rea mantenía a salvo.

Zeus
https://pixabay.com/es/illustrations/zeus-mitolog%c3%ada-dios-griego-zeus-7683518/

Esta historia muestra a Hécate como valiente, pues ¿quién se atrevería a engañar al rey de los titanes si no fuera audaz e intrépido?

El ataque a los olímpicos

Un día, los gigantes atacaron a los olímpicos (las principales deidades del panteón griego). Hécate luchó con los olímpicos y consiguió matar a Clytius, uno de los gigantes e hijo de la diosa de la tierra Gea. Tras ayudar a los dioses a ganar la guerra, Hécate fue muy venerada por Zeus y todas las demás deidades. Todos la veían como una diosa poderosa a la que nunca debían subestimar.

Esto muestra a Hécate como una guerrera valiente y poderosa que nunca rehuiría una batalla.

Hécate en la Edad Moderna

Hoy en día, Hécate es conocida sobre todo como la diosa oscura de la brujería asociada a los fantasmas. Aunque no aparece mucho en la mitología griega moderna, desempeña un papel importante en la wicca, el neopaganismo y la brujería moderna. Se cree que la diosa triple, venerada por muchos neopaganos, es Hécate, que también tiene una forma triple.

Las contradicciones y misterios de Hécate

Se cree que Hécate es la deidad más incomprendida de la mitología griega, y tiene sentido, ya que ha sido objeto de muchas contradicciones a lo largo de la historia. Se la representa como guardiana, protectora de los hogares y diosa de la brujería y el inframundo. Puede ofrecer protección contra el mal y, al mismo tiempo, permitir que el mal y la desgracia entren en la vida de las personas. Es una deidad extranjera y griega a la vez.

Nadie puede comprender los poderes u orígenes de Hécate, sobre todo porque sufrió muchos cambios en la mitología griega. Algunos estudiosos sostienen que Hécate es una diosa diferente a la que la gente conoce ahora. Dado que su nombre deriva del otro nombre de Apolo, Hécatos, se cree que Hécate es otro nombre de Artemisa, la hermana gemela de Apolo. A medida que aumentaba el número de personas que rendían culto a Artemisa en la antigua Grecia, sus seguidores se percataron de sus numerosos atributos positivos. Sin embargo, como cualquier otra deidad, también tiene cualidades negativas. Sus devotos separaron el lado oscuro de su personalidad para crear una diosa diferente y le dieron el nombre de Hécate.

Aunque Hécate es conocida por ser una bruja asociada a la oscuridad y la magia, muchas de sus leyendas la retratan de forma positiva, ya sea ayudando a Deméter a encontrar a Perséfone o luchando junto a los dioses griegos. Por otro lado, algunas historias mostraban el lado oscuro de la diosa. En una historia, había una bruja llamada Gale, a la que Hécate maldijo y convirtió en un turón porque consideraba que su comportamiento y sus deseos eran antinaturales.

Algunos estudiosos creen que Hécate está asociada a la antigua diosa egipcia de la fertilidad Heqet, que estaba vinculada a la magia, a la que llamaban *heqa*.

Aunque varios mitos afirman que Hécate era hija de dioses o gigantes, algunas leyendas la retratan como una mortal. Según algunas obras literarias, era una princesa llamada Ifigenia que estaba a punto de morir cuando Artemisa la salvó y la transformó en diosa.

Es difícil comprender o definir a Hécate. Es una de las pocas deidades griegas que no aparecen en "*La Ilíada*" o "*La Odisea*" de Homero, por lo que se sabe poco de ella. Sin embargo, ha aparecido en varios mitos como diosa de los hogares, la agricultura, las brujas, las encrucijadas de los viajes y muchos otros.

Hécate siempre ha estado rodeada de misterio, ya sea por su origen o por sus poderes. Primero apareció como la diosa del cielo, sin ninguna relación con la brujería y, de la nada, su imagen cambió como si se hubiera convertido en otra diosa.

Una vez más, nos preguntamos: ¿quién es Hécate, sinceramente? ¿Es una diosa buena o mala? Responder a esta pregunta no es tan sencillo. Cada persona tiene una definición del bien y del mal. Algunos considerarían malvada una acción, mientras que otros podrían justificarla. Hécate es igual que los seres humanos. Tiene rasgos positivos y negativos y es capaz de hacer el mal. Se la puede describir como neutral. Como diosa de las encrucijadas y los límites, se sitúa entre los vivos y los muertos, y entre lo natural y lo sobrenatural, por lo que es capaz de hacer el bien y el mal.

En otras palabras, se sitúa en un punto intermedio entre dos extremos, negándose a elegir un bando. Puede elegir cómo quiere ver a Hécate. Sin embargo, se puede argumentar que es un icono feminista. En muchas de sus leyendas aparece como una diosa fuerte y valiente que protege a quienes la necesitan. Sin embargo, no tolera la injusticia ni la falta de respeto. Es una figura intrigante a la que no se puede dejar de admirar. Su bondad y oscuridad la convierten en una diosa con cualidades humanas con la que cualquiera puede identificarse. El misterio y las contradicciones que rodean a Hécate forman parte de su atractivo. Puede plantear más preguntas que respuestas, pero su personalidad tiene dos aspectos, la luz y la oscuridad, el bien y el mal. Quién es realmente Hécate puede estar abierto a muchas interpretaciones, y su visión personal influye en cómo se la ve.

Capítulo 2: La bruja Hécate

Ahora que ha aprendido quién es Hécate, puede profundizar en lo que es una bruja de Hécate. Este capítulo ofrece recomendaciones sobre cómo saber que se siente atraída por Hécate y en qué grado. Recibirá orientación sobre la amplia gama de formas en que una bruja de Hécate trabaja con la diosa, incluida la práctica de encontrar la propia verdad y recibir claridad cuando se encuentre en una encrucijada.

Ser una bruja de Hécate significa seguir el camino de la diosa
https://unsplash.com/photos/43NPCi0NJIY

Características de una bruja de Hécate

Ser una bruja de Hécate significa reclamar el camino de seguir a la diosa, en cualquier viaje al que le lleve. Honrarla requiere mucho trabajo, ya que se le considera la reina de las brujas. Incluye venerarla con regularidad, invocarla para obtener curación espiritual y ayuda para el crecimiento, y establecer una conexión con ella. Una bruja de Hécate también honra a todas sus compañeras devotas de Hécate, vivas o muertas. Hoy en día existe mucha información sobre la diosa. Por desgracia, parte de ella se basa en conceptos erróneos, lo que hace que muchos buscadores espirituales y mágicos curiosos duden a la hora de trabajar con Hécate. Una verdadera devota se toma su tiempo para profundizar en la antigua tradición griega de la diosa y de las famosas brujas que la veneraban. A través de esta búsqueda, entenderá cómo llegar a la diosa y cómo puede ayudarle.

Como bruja de Hécate, también puede que le guste practicar su oficio reviviendo la antigua magia griega e incorporándola a sus prácticas modernas. Una bruja puede elegir muchas formas de venerar a la diosa, como la meditación, los rituales con velas y la herboristería. Muchas brujas de Hécate se sienten atraídas por un estilo de vida natural, prefiriendo utilizar plantas como remedios naturales que tratar afecciones con la medicina moderna. Utilizan varios tipos y partes de hierbas y piden ayuda a Hécate cuando las preparan para los tratamientos. Otra característica de las devotas de Hécate es su profunda reverencia por el equilibrio entre la vida y la muerte. En lugar de ver la muerte como el final de la vida, las devotas reconocen la muerte como un periodo de transición. Los que cruzan el espacio liminar deben ser honrados mediante rituales y ceremonias. Los antepasados muertos reunían sabiduría y la transmitían a las nuevas generaciones, por lo que se ganaban el respeto de Hécate. Ella les ayudó en sus periodos de transición, en la vida y en la muerte. Al honrar a los muertos, también se honra a Hécate. Si siente la necesidad de honrar a sus antepasados durante los periodos transitorios, puede ser una gran señal de que está preparada para convertirse en una bruja de Hécate. Los periodos y espacios liminales representan un punto intermedio. Por ejemplo, el crepúsculo es un periodo liminar entre el día y la noche. Samhain es un periodo que divide el verano del invierno. En estos tiempos, la división entre el mundo de los vivos y el reino espiritual es más débil, por lo que es natural sentir la atracción hacia la diosa y las almas muertas que representa. Puede sentirse atraída por familiares, amigos que han fallecido o antepasados muertos hace mucho tiempo cuya sabiduría puede aprovechar durante las prácticas mágicas y espirituales. Una bruja venerará a todos los muertos, les hará ofrendas y pedirá su bendición para el trabajo mágico.

Hécate es conocida por su naturaleza cálida y amable, pero es portadora de una sabiduría oscura. Las verdaderas devotas entienden que tiene el poder de causar daño. Mientras la busque con las intenciones correctas, no le causará ningún daño. Sin embargo, si su propósito no es puro, nada bueno saldrá de trabajar con ella. Para una bruja de Hécate, la diosa representa el equilibrio supremo. Se esfuerza por obtener este equilibrio honrando a la diosa a través del aprendizaje de diferentes prácticas.

Una bruja de Hécate sabe que la diosa solo puede ayudar a aquellos que desean vivir una buena vida. Vivir bien la vida significa ser consciente de los propios deseos, fortalezas y debilidades. Solo puede ayudar a los que se ayudan a sí mismos. Está ahí para los que buscan su verdad y quieren encontrar su voz auténtica. Los verdaderas devotas siempre se aseguran de que sus intenciones son claras cuando invocan a Hécate y se toman su tiempo para prepararse para su trabajo mágico o espiritual. Saben lo importante que es tener la cabeza en su sitio.

Para una bruja de Hécate, trabajar con la diosa significa buscar el poder personal. Saben que la diosa no hará nada por ellas; tienen que encontrar su propio poder para superar los retos a los que se enfrentan. Al mismo tiempo, nunca dejan de mostrar su humildad. Hécate pide a sus devotas que reconozcan la parte de ella que reside en todos los seres. Quiere que reconozcan que su alma procede de su esencia. Sin embargo, también les incita a encontrar sus propias verdades, su propio camino espiritual. Como diosa del equilibrio, Hécate le enseña que hay momentos en los que debe tener confianza en sí misma y defenderse, estableciendo límites y deteniendo a cualquiera que desee hacerle daño. En otras ocasiones, le advertirá que se mantenga humilde y considere los desafíos como oportunidades de crecimiento espiritual en lugar de obstáculos insuperables. Si siente que debe esforzarse por ser equilibrada como lo es Hécate, está en el buen camino para convertirse en una verdadera devota.

Una bruja de Hécate busca celebrar y venerar a Hécate estando dispuesta a dejar de lado cualquier prejuicio, convertirse en su alumna y aceptar su guía. Muchas de sus devotas se expresan a través del arte y otras actividades creativas. Esto les permite conectar con la diosa y recurrir a sus poderes para potenciar sus prácticas. Les permite obtener equilibrio y resistencia al mismo tiempo.

Las devotas de Hécate son creativas porque su poder les guía. Saben expresarse a través de sus símbolos y de muchas otras herramientas espirituales y mágicas. Las encuentran en todas partes. Siendo fieles a una de las enseñanzas fundamentales de Hécate, si se ayuda a sí mismo, ella podrá ayudarle. Por ejemplo, en lugar de utilizar encrucijadas y espacios liminales reales, una bruja de Hécate creará símbolos de éstos a partir de objetos y situaciones cotidianas.

Recuerde que todas las prácticas, creencias y búsquedas anteriores son descripciones generalizadas de los enfoques utilizados por los devotos y sacerdotisas de Hécate. Sin embargo, como cualquier bruja de Hécate le dirá, trabajar con la diosa es un proceso muy personal. Siéntase libre de inspirarse en estas prácticas y creencias, pero solo emprenda aquellas que considere adecuadas para usted. Para que su conexión con la diosa sea realmente poderosa, debe encontrar su forma única de vincularse con ella y expresar sus intenciones y gratitud.

Señales de que Hécate le está llamando

La diosa es conocida por dar a conocer su presencia, pero es muy cuidadosa con el momento oportuno. Una bruja de Hécate sabe que la diosa solo le llamará cuando la necesite y esté preparada para recibir su ayuda. No tendrá que buscarla, ni le servirá de nada hacerlo. Como alma antigua conectada con todos los seres del universo, siente cuándo se le necesita. Sabe cuándo su vida está desequilibrada o cuándo se encuentra en una encrucijada. Si es así, ella vendrá. Si no, no le ayudará. Cuando llegue, anunciará su presencia con señales audaces. Es una deidad activa, una de las principales razones por las que permanece en la vida de sus seguidores y es venerada por muchos. Una vez que haya establecido una conexión con ella y haya empezado a cultivar su vínculo, ella seguirá tendiéndole la mano. Seguirá guiándole en su viaje de transición mientras la necesite.

Según ciertas creencias, para que Hécate se ponga en contacto con usted, primero debe pedirle una señal. Sin embargo, no siempre es así. Si nunca ha trabajado con ella, no puede pedir señales de su presencia. Sin embargo, puede presentarse a través de mensajes simbólicos. Esto se debe a que, aunque recuerde haberle pedido ayuda conscientemente, en realidad podría haberlo hecho intuitivamente. La intuición es una fuerza con el poder de establecer conexiones espirituales de las que ni siquiera es consciente. La intuición es una fuerza con el poder de establecer conexiones espirituales de las que ni siquiera es consciente. Para asegurarse de que su diosa se pone en contacto con ellas, las brujas de Hécate solían hacer ofrendas para preguntar si les enviaba mensajes. Consideran una confirmación cualquier señal que reciban después de completar la ofrenda.

Los signos más comunes de que Hécate se ha puesto en contacto con una bruja o practicante son la visión de perros negros o salvajes. Puede ser una visión de un animal salvaje, como un coyote, un perro salvaje, un lobo o un zorro. Un perro negro podría incluso correr hacia usted y tratar de hacer contacto con usted. Si el dueño del perro dice que el animal rara vez deja que alguien lo acaricie o se le acerque, es una señal segura de que Hécate está invitando a una bruja a un viaje. Las brujas de Hécate también creen que oír ladrar a los perros (sobre todo si la fuente es desconocida) también es una señal de que se acercan a ellas. Se cree que son los sonidos de animales fallecidos que ella utilizaba para comunicarse con sus seguidores.

Ver serpientes también es una verdadera señal de que Hécate se comunica con una devota. Estas criaturas están asociadas a la magia, así que si tiene visiones de ellas durante su trabajo mágico, podrían ser mensajes de la diosa. Las brujas de Hécate saben que, al igual que la diosa vive cerca de la superficie del mundo espiritual, las serpientes viven cerca de la superficie de la tierra. Sin embargo, estos animales tienden a mantenerse alejados de las personas, por lo que suele haber una buena razón para verlos.

Si ve llaves, umbrales, puertas, antorchas o luces, es probable que sea una bruja Hécate dispuesta a embarcarse en un largo viaje con la diosa. Encontrar llaves antiguas indica que está a punto de cruzar un umbral que traerá grandes cambios a su vida. Al ser conocida como la portadora de la luz, Hécate a menudo se comunica a través de la luz. En los tiempos modernos, será a través del parpadeo de las farolas y no de las antorchas. Aún así, si ve una parpadeando en múltiplos de tres, está a punto de recibir un poderoso mensaje de Hécate.

Los cambios de temperatura a su alrededor también pueden indicar que la diosa está cerca. Su mundo es un lugar oscuro y frío. Puede sentir un escalofrío cuando se acerca a usted desde un espacio liminar. También puede tener una visión o un sueño en el que el mundo que le rodea se vuelve más oscuro (incluso de día), como si el sol nunca hubiera salido del todo.

Cuidado al trabajar con Hécate

Las brujas de Hécate creen que su señora no es una deidad que deba tomarse a la ligera. Puede que no sea la criatura terrorífica que trae la muerte como algunas interpretaciones modernas quieren representarla, pero esto no significa que pueda pedirle peticiones frívolas. Puede ayudarle a transformar su vida, pero solo si está realmente dispuesta a hacer cambios significativos. Por ejemplo, si su idea de transformación es conseguir un trabajo bien pagado, ganar la lotería o volver con su ex, Hécate no es la deidad que puede ayudarle. Aunque no tomará represalias si le pide estas cosas, perderá su tiempo y sus recursos porque su trabajo con ella será infructuoso. En cambio, si desea transformar su vida porque se siente atascada o perdida en un espacio oscuro, ella podría guiarle. Se trata de querer encontrar su propia verdad, y nunca de hacer o esperar milagros.

Llegado a este punto, puede que se pregunte cómo sabrá si está preparada para la ayuda de Hécate y cómo pedírsela para encontrar sus verdades. La primera señal es su voluntad de acercarse y hacer preguntas. Significa que es consciente de que se encuentra en una encrucijada o en cualquier otra situación desde la que el empoderamiento a través de Hécate puede ayudarle a avanzar. A continuación, debe aceptar que ella es la diosa del cambio, no una bruja oscura que puede tomar represalias si no actúa de una determinada manera. Las verdaderas conversiones espirituales no suelen ser fáciles. Suelen ser complicadas y dolorosas. Requieren que la gente renuncie a algo, que deje atrás hábitos reconfortantes, y una verdadera bruja de Hécate lo sabe y lo acepta. Si se acerca y comienza su transformación, debe aceptar el dolor que conlleva con humildad. La bruja nunca culpa a su ama del dolor porque sabe que la felicidad no puede alcanzarse sin él.

La siguiente señal de que está preparada para la ayuda de Hécate es que está dispuesta a abrir su mente a los mensajes que recibirá de ella. Antes de hacerlo, haga un poco de introspección para ver si está lista para lo que se necesita. No pierda el tiempo invitando a Hécate a su espacio si no lo está. Sin embargo, si puede adoptar una mentalidad que dé la bienvenida a la transformación, estará lista. Esto implica expresar gratitud por las bendiciones y lecciones que ha recibido hasta ahora, sin importar lo desafiantes que hayan sido estas últimas. Solo puede pasar a la siguiente etapa de la vida bien vivida si ya siente que la ha empezado. Las afirmaciones sobre experiencias y logros positivos a menudo le tranquilizan diciéndole que lo está haciendo bien. La diosa está esperando a que usted reconozca que se lo merece. Una vez que lo haga, le enviará más señales y consejos.

Si está dispuesta a aceptar que Hécate solo será su guía mientras usted hace el trabajo duro, tendrá aún más poder. Su poder puede estar en usted, pero usted lo controla, al igual que controla sus emociones, pensamientos y acciones. Es usted quien transformará su propia vida. La diosa solo le ayudará en su viaje, orientándole ocasionalmente en la dirección correcta si es necesario. Debe aceptar la responsabilidad de sus actos y de su vida. Su transformación espiritual será su viaje; debe adquirir conciencia de sí misma antes de que comience. No puede esperar que sea fácil, pero puede ayudarse a sí misma aceptándolo como una verdad. Con este enfoque, será capaz de abrazar el cambio, incluso si llega de una forma que nunca esperó que llegara. Esto es lo que significa hablar con su auténtica voz. Es tener fe en su poder y no esperar que otro haga el trabajo por usted. Recuerde que lo suyo es contar las cosas tal y como son. No hay nadie que le diga que no puede hacer algo, y usted tampoco debería hacerlo.

A pesar de los dolorosos cambios que conlleva, la transformación puede ser hermosa. Sabrá que está preparada cuando empiece a actuar conscientemente. En lugar de hablar o soñar despierta sobre cambiar su vida, realmente está haciendo algo que iniciará este proceso. Aquí es cuando Hécate intervendrá. Porque ella no ayudará a aquellos que permanecen inactivos, temerosos de dar el primer paso, ella solo guiará a aquellos listos para avanzar con sus vidas. Ella sabe que es difícil dejar atrás la comodidad y las variables conocidas de su vida, pero también sabe que es necesario.

Algunos novatos se preguntan si le caerán bien a Hécate, temiendo a menudo que rechace sus peticiones de ayuda. Cuando en realidad, Hécate quiere que usted se guste a sí mismo. Quiere que se sienta merecedor de la transformación positiva. No tendrá problemas para comunicarse y establecer vínculos con ella si dice lo que piensa y expresa sus verdaderos deseos. Hécate no esperará que sea perfecta y que no cometa ningún error a lo largo de su viaje. Al fin y al cabo, para eso acude en su ayuda, para susurrarle su guía mientras usted atraviesa el desordenado proceso de transformación plagado de errores. El auténtico camino de Hécate es imperfecto, *y eso es lo que le pide que acepte.*

Al embarcarse en su camino, usted ha reconocido que aceptará cualquier cambio que ella traiga. Estos llegarán en forma de mensajes espirituales, que le permitirán conocerse mejor. Aprenderá a identificar sus límites personales, un efecto realmente fortalecedor de convertirse en una devota de Hécate. Será capaz de decir no cuando sea necesario, sin justificar sus palabras y acciones. Hécate no será responsable de esto, será usted. Ella solo le empujará a encontrar su voz interior y el detonante que necesita para liberarla. Adquirir autoconciencia, confianza en sí misma y la capacidad de ponerse en contacto con su intuición incluso antes de profundizar en el trabajo con la diosa son logros cruciales. Todas ellas indican que usted está lista para comenzar su viaje como bruja de Hécate.

La última señal de que está lista para acercarse a Hécate es que acepta que la diosa la conoce mejor de lo que usted se conoce a sí misma. Podrá mentirse a sí misma sobre su deseo de que su vida vaya en una dirección específica, pero no podrá engañarla. En estos tiempos modernos, las normas sociales y las obligaciones financieras suelen crear deseos engañosos. Pueden hacerle creer que puede transformar su vida teniendo más dinero o haciéndose famosa por razones equivocadas. Sin embargo, la diosa sabe que nada de esto es cierto, y tendrá que aprender a escucharla.

Si después de leer todas estas señales aún no se siente preparada para empezar a trabajar con Hécate, no se preocupe. Tómese su tiempo para aprender lo que realmente quiere hacer y acérquese a ella cuando esté preparada. Ella ha existido durante mucho tiempo y seguirá existiendo. Le esperará hasta que esté preparada para trabajar con ella. Cuando *empiece a trabajar con ella*, no tenga prisa por encontrar su propia verdad. Es un proceso largo que requiere mucha práctica y trabajo intuitivo.

¿Qué tan fuerte es su conexión con Hécate?

Ahora que ya sabe cómo sigue la bruja de Hécate a su patrona y cómo saber si la diosa le está llamando, puede saber más sobre lo atraída que se siente por Hécate. El siguiente cuestionario le ayudará a vislumbrar el nivel de su devoción y le proporcionará algunos consejos sobre cómo llevar a cabo su práctica:

1. Me siento atraída por Hécate durante los periodos liminales, como cuando el día se convierte en noche al atardecer o cuando el verano se convierte en invierno durante el otoño.
2. Siento un profundo deseo de celebrar la muerte como un periodo de transición sabiendo que la vida continúa más allá de ella.
3. Quiero aprender más sobre cómo honrar a Hécate y conectar con ella.
4. Veo señales de que la diosa me llama, enviándome imágenes de llaves, perros negros, serpientes y símbolos de la muerte.
5. Quiero explorar cómo venerar a Hécate a través de rituales diarios.
6. Quiero celebrar a Hécate visitando sus templos y participando en rituales con otros devotos.
7. Siento que estoy a punto de llegar a una encrucijada, y Hécate puede guiarme a través de este periodo de transición.
8. Estoy lista para hacer cambios en mi vida, aceptando que si le pido ayuda a Hécate, los cambios serán poderosos y quizás dolorosos.
9. A pesar de su poder, no temo a Hécate, sino que venero su belleza y su poder, y le permito que me guíe hacia una vida mejor.

Los resultados

- Si solo se ha identificado con 1 a 3 de las 9 afirmaciones, se trata simplemente de curiosidad. Ha oído hablar de Hécate y desea saber más, pero no está seguro de que seguirla sea el camino adecuado para usted. Continúe su investigación para ver si puede inspirarse para forjar su vínculo único con la diosa y utilizar su ayuda para transformar su vida.
- Se le considera una verdadera devota si se ha identificado con 4-6 de las 9 afirmaciones. Desea honrar a Hécate y lo que representa a través de prácticas regulares. Está segura de que es ella quien puede ayudarle a vivir una vida mejor, y está dispuesta a asumir los retos que le proponga para facilitar su

transformación. Continúe celebrando en su altar a través de pequeños rituales que fortalezcan su conexión con ella.

- Si se ha identificado con 7-9 de las 9 afirmaciones, es tan devota de Hécate como una sacerdotisa. Está dispuesta a abrazar a la diosa en todas sus formas y confía en ella implícitamente. Acepta que Hécate está en todas partes y que sabrá ayudarle cuando la necesite. Se siente inspirada para dedicar una parte importante de su vida a Hécate y entregarse a sus poderes transformadores.

Capítulo 3: Signos y símbolos de Hécate

Todos los dioses y diosas tienen signos y símbolos asociados a ellos. A menudo, estos símbolos se muestran en ilustraciones o esculturas como las llaves, los perros y las antorchas, que suelen representarse con Hécate. Dado que la diosa está asociada a la noche, muchos de sus símbolos están relacionados con elementos oscuros como el inframundo y la muerte. Sin embargo, Hécate también es una diosa misteriosa con muchas contradicciones, por lo que también encontrará algunos símbolos asociados a la luz.

Este capítulo tratará los diferentes símbolos de Hécate y sus significados.

La rueda de Hécate

La rueda de Hécate también se llama el strophalos de Hécate. Es un símbolo wiccano que pertenece a las tradiciones diánicas y a la tradición helénica. La rueda es una representación visual de Hécate. Consiste en una estrella de seis lados dentro de un círculo rodeado por un laberinto de tres lados y otro círculo. El símbolo surgió por primera vez en el siglo I, cuando se representaba con Hécate.

Rueda de Hécate

Sin embargo, algunos estudiosos creen que estas primeras imágenes de la rueda fueron con Afrodita, la diosa del amor. Aun así, ambas imágenes de las diosas acabaron solapándose.

Hécate está asociada al concepto de la trinidad. Primero fue la diosa del mar, el cielo y la tierra. Tras asociarse con la magia, se la representó como una diosa triple con tres cabezas y un cuerpo, tres cuerpos y una cabeza o tres cabezas y tres cuerpos. También se le asocia con los tres aspectos de la vida de la mujer: la doncella, la madre y la arpía. Se suele hacer referencia a Hécate como la "diosa de la triple luna" porque también representa las tres fases diferentes de la luna. El aspecto de la trinidad forma parte de la identidad de Hécate, y queda patente en las tres caras del laberinto.

Aunque cada parte de la rueda tiene su propio significado, el símbolo en sí representa la transferencia de energía y conocimiento a través de las fuerzas divinas. Los strophalos de Hécate están relacionados con los oráculos caldeos, asociados a la creencia metafísica neoplatónica. Esta creencia afirma que un padre omnisciente y todopoderoso con poderes divinos e intelecto ilimitados creó el universo. Él es la fuente principal de toda la sabiduría del cosmos.

Este padre tiene sus propios embajadores encargados de transmitir la sabiduría y el conocimiento a la humanidad. Hécate es uno de sus emisarios que entrega esta información a la tierra para que todos puedan beneficiarse de ella. Cada parte del símbolo tiene un significado diferente relacionado con esta transmisión de conocimientos.

El laberinto

El laberinto simboliza las diferentes etapas de la vida humana que toda persona debe atravesar. Durante este viaje, uno debe absorber el conocimiento del universo antes de que su vida termine y su espíritu regrese a su creador. El laberinto también representa el autodescubrimiento que uno experimenta en la vida. También puede describirse como un bucle que significa el círculo de la vida y sus tres etapas

Vida

El primer ciclo es la vida y representa el nacimiento. El espíritu pasa esta etapa ligado al cuerpo físico.

Muerte

El segundo ciclo es la muerte. Ocurre después de que el cuerpo físico se marchita y se separa del espíritu. El espíritu asciende entonces a un plano de existencia diferente, el reino de los muertos, donde pasa el resto de la eternidad.

Renacimiento

La última etapa es el renacimiento. Una vez que el espíritu asciende, puede alcanzar un estado superior y experimentar la iluminación. El espíritu debe entonces pasar por un renacimiento en el que, o bien se reencarna y vuelve a vivir en la forma física, o bien regresa a su padre divino.

La estrella

La estrella es otra parte de Hécate. Se coloca en el centro y representa al padre divino, que es omnisciente y la fuente de todo conocimiento. Los seis lados de la estrella simbolizan la chispa que se enciende en el alma y le conecta con el mundo que le rodea y con el padre divino.

Hay otras formas de la rueda con las letras X o Y en su centro en lugar de la estrella. La letra Y representa la intersección de las tres encrucijadas donde Hécate monta guardia en su forma de triple diosa.

El círculo interior

El círculo interior es el primer círculo de la rueda de Hécate. Simboliza a la propia diosa, que es la guardiana y protectora del conocimiento divino y la que lo distribuye entre la humanidad al ser un reflejo de la divinidad del creador.

El círculo exterior

El segundo círculo y la última parte de la rueda forma el círculo exterior, que simboliza las limitaciones de la energía que Hécate utiliza cuando transfiere el conocimiento divino a los humanos. Un área cerrada entre los dos círculos representa el espacio entre los mundos intelectual y físico. Hécate utiliza este espacio para difundir la información divina.

La rueda también simboliza los conceptos de renovación y renacimiento, ya que está relacionada con la forma de la serpiente laberíntica, que gira en espiral. En la mitología griega, la serpiente tiene diferentes significados y a menudo se representa con otras deidades. Por ejemplo, hay serpientes grabadas en los pentagramas de Asclepio, dios de la medicina, y Hermes, dios de la fertilidad y el lenguaje, que representan la medicina y la curación.

Hécate también se representa a menudo con serpientes, que simbolizan la fertilidad y el renacimiento. En uno de los antiguos mitos griegos de la creación, el mundo fue creado por una serpiente gigante que incubaba un huevo. Las serpientes mudan de piel cada pocos años y salen con cuerpos nuevos y rejuvenecidos. Por eso, las serpientes representan el renacimiento y la idea de que cada criatura puede renacer de forma diferente.

La parte espiral del símbolo es la responsable de transmitir el conocimiento divino a la humanidad a través de rituales como girar las ruedas del strophalos para liberar un sonido. Si se realiza este ritual después de la muerte de alguien, Hécate responderá a este sonido y descenderá para ayudar al espíritu del difunto a ascender hasta el padre divino.

La espiral y otras partes del strophalos se asocian a rituales relacionados con lo divino. Suelen atraer al padre divino y a Hécate y también pueden utilizarse para realizar diversos hechizos. El sonido que emite se asemeja a los movimientos y sonidos de los iynges, médiums encantadores y herramientas relacionadas con el intelecto divino.

Utilización de la rueda de Hécate

La rueda de Hécate es uno de los principales símbolos de la diosa, ya que se utiliza para invocarla e implorar sus poderes. Es un símbolo muy popular entre los wiccanos y neopaganos. Hécate representa la energía femenina por su asociación con las tres etapas de la feminidad y la energía de la luna. Por este motivo, las mujeres pueden invocar a la diosa durante cualquier etapa de su vida.

Además de ser un símbolo del conocimiento divino, la rueda también representa el viaje del espíritu humano. Cada persona debe atravesar cada parte del símbolo experimentando los altibajos y complejidades de la vida bajo la guía y protección de Hécate hasta llegar a la etapa final, que es el centro de la rueda, y alcanzar finalmente la iluminación.

Hoy en día, la gente utiliza la rueda de Hécate con fines religiosos. Practicantes de diversas religiones, como el reconstruccionismo helénico, una tradición neopagana inspirada en las antiguas creencias griegas, también incorporan la rueda a sus prácticas. Muchas mujeres también llevan la rueda como joya, como collares o pulseras, o incluso se la tatúan en el cuerpo porque creen que puede traer riqueza, éxito y buena suerte a sus vidas al crear una conexión entre ellas y Hécate.

Datos sobre la rueda de Hécate

- Si ve a alguien que lleva la rueda, probablemente sea un practicante de las tradiciones diánicas de la wicca.
- Muchas feministas también llevan o usan la rueda porque está asociada con la triple diosa y las tres etapas de la feminidad.
- Las tres partes del laberinto siempre parecen girar. Esto representa el avance de la propia psique para conectar con la sabiduría divina.
- La rueda se llama a veces "iynx", y se puede utilizar como herramienta adivinatoria, como rueda devocional o para atraer el amor a su vida.
- A veces, los devotos colocan la rueda sobre sus cabezas y la dejan girar para crear un sonido que ahuyenta a los depredadores y aumenta su conciencia.
- En esencia, la rueda sirve como recordatorio de que Hécate está a su lado, guiándole en su viaje por el mundo físico.

La rueda de Hécate y el iynx

Aunque iynx es otro nombre para la rueda de Hécate, algunos sostienen que ambos son símbolos diferentes asociados a la diosa. "Iynx" deriva de "*iunx*", que en griego significa pájaro torcecuello, un tipo de pájaro carpintero que se alimenta de hormigas. Originalmente, la gente utilizaba la rueda del iynx para realizar hechizos. La rotación de la rueda produce un sonido similar a la llamada de un iunx.

La rueda del iynx se asocia con Afrodita y su hijo Eros, más conocido como Cupido y dios del deseo físico y la pasión. Ambos utilizaban la rueda para atraer a los amantes y unirlos. El iynx también se asocia con Hécate, como queda claro en uno de los poemas del poeta griego Teócrito. En él se cuenta la historia de una mujer que acudió a un hechicero y le pidió que le devolviera a su amante infiel. El hechicero utilizó la rueda del iynx para lanzar el conjuro e invocó a Hécate.

Es comprensible que uno se confunda cuando se invoca a Hécate en los hechizos de amor, ya que domina aspectos no relacionados con el romance. Sin embargo, muchas historias de la mitología y la literatura griegas hablan de cómo se invocaba a la diosa para que ayudara en asuntos del corazón.

La rueda del lince también se asocia con los funerales y la muerte, otra razón por la que se considera un símbolo de Hécate.

Perros

A menudo se representa a Hécate con perros. En la mitología griega, los perros ladraban por la noche para anunciar la llegada de la diosa a la tierra. También aúllan cuando ella o alguno de sus seguidores utiliza la magia. Incluso puede adoptar la forma de un perro.

Al principio, los perros de Hécate eran criaturas tranquilas y amistosas. Sin embargo, al igual que la diosa sufrió algunos cambios a lo largo de los años, también lo hicieron sus mascotas. Llegaron a representar espíritus enfadados o demonios. Al igual que ocurrió con el misterioso cambio de Hécate, nadie sabe exactamente por qué cambiaron también las representaciones de sus perros.

Se puede decir que los perros se parecen a Hécate, ya que también tienen lados oscuros y luminosos. Pueden ser criaturas peligrosas y temibles o proporcionar ayuda y protección.

Uno de sus perros era originalmente la reina troyana Hécuba. Tras la caída de Troya, Hécuba fue capturada, arrojada por un acantilado y murió en el acto. Hécate se compadeció de la reina muerta y la devolvió a la vida en forma de perro, que se convirtió en un fiel compañero de la diosa para toda la eternidad.

Hécate también se asocia con otros animales como:
- Jabalíes
- Serpientes
- Murciélagos
- Corderos
- Ovejas
- Caballos

Turón

Una de las amantes mortales de Zeus, Alcmena, estaba embarazada de su hijo Heracles. Cuando su esposa Hera se enteró, se puso muy celosa y quiso deshacerse del niño antes de que naciera. Envió a las hermanas Moiras (las Parcas) y a Eileitia, la diosa del parto, para que cerraran el vientre de Alcmena. Cuando su sierva, Galinthias, descubrió lo que habían hecho las diosas, les mintió diciéndoles que Alcmena ya había dado a luz. Las Moiras y Eileitia cayeron en el engaño y soltaron su control sobre el vientre de Alcmena, que dio a luz. La castigaron convirtiéndola en turón cuando descubrieron que Galinthias les había mentido.

Galinthias llevaba una vida terrible como turón. Tenía que esconderse en sucios agujeros y luchaba por sobrevivir. Cuando Hécate se enteró del destino de la pobre doncella, se compadeció de ella. Intentó revertir la maldición, pero fracasó y convirtió a la turón en uno de sus asistentes sagrados.

Llaves

A menudo se representa a Hécate sosteniendo llaves, por lo que se la describe como la guardiana de las llaves. Se cree que son las llaves del universo que pueden desvelar sus misterios, magia y poderes curativos. Otros estudiosos sostienen que son las llaves de las encrucijadas. Como es la diosa de las encrucijadas y las vigila, las guarda para protegerlas y evitar que entre el peligro. También se cree que son las llaves del inframundo, donde ella tiene el dominio. Hécate utiliza esta llave para desvelar los misterios del más allá y los secretos de lo oculto.

Durante ciertos rituales, las sacerdotisas de Hécate suelen llevar llaves para representar el papel de la diosa como guardiana de las llaves.

Todo el mundo utiliza llaves para abrir el coche, la casa, la oficina, etc., y algunos incluso las usan en su decoración o las llevan como joyas. Si considera que estas llaves son símbolos de Hécate, podrá sentir constantemente que ella está con usted y le proporciona protección a través de uno de sus símbolos.

Encrucijada

Hécate es la diosa de las encrucijadas, así que, naturalmente, son uno de sus símbolos. Los límites pueden causar limitaciones en su vida diaria y establecer obstáculos que debe superar para crecer. El papel de Hécate como diosa de las encrucijadas es mediar en estos límites.

Las encrucijadas también pueden representar las muchas elecciones diarias, como qué camino tomar, a qué trabajo presentarse o qué decisiones tomar. Las encrucijadas también se asocian con el futuro, el presente y el pasado. En su forma triple, Hécate puede ver cada una de las tres encrucijadas, que representan el pasado, el presente y el futuro. Por lo tanto, está en una posición perfecta para proporcionar orientación y ayudar a tomar mejores decisiones.

Forma triple

Hécate es una diosa triple. Muchas de sus estatuas e ilustraciones la muestran en su forma triple. Al igual que Hermes, el mensajero de los dioses, la gente colocaba sus estatuas cerca de las fronteras y los cruces de caminos en la antigua Grecia para alejar la desgracia, el daño y el mal.

Dagas

En la época moderna y entre los neopaganos, Hécate se representa con tres antorchas, seis brazos y símbolos sagrados: Una daga, una cuerda y una llave. La daga simboliza el dominio de la diosa sobre la magia y la brujería. También se utiliza para ahuyentar a los malos espíritus y realizar hechizos rituales. Para los seguidores de Hécate, la daga puede llevarles a confiar en su voz interior y en su juicio, proporcionarles poder y protegerles de las ilusiones.

Cuerdas

Hécate suele llevar una cuerda, que representa el cordón umbilical, símbolo de renovación y renacimiento. La cuerda también recibe el nombre de azote o cordón.

Triple luna

Como diosa de la triple luna, Hécate está asociada con el lado oscuro de la luna. Si recuerda de la clase de ciencias, la luna es un cuerpo oscuro, y su luz refleja la luz del sol. Hécate representa la oscuridad de la luna en su verdadera forma, especialmente durante la fase de luna nueva.

Antorchas

Se suele representar a Hécate sosteniendo dos antorchas, una en cada mano, para representar su papel de protectora y guía. Iluminaba el camino de quienes se enfrentaban a obstáculos y dificultades en su jornada diaria para que pudieran ver con claridad y llegar a su destino.

Sus antorchas aparecen en algunas leyendas. Por ejemplo, durante la guerra entre los gigantes y los dioses del Olimpo, utilizó su antorcha para matar al gigante Clytius y ayudar a los dioses a ganar la guerra.

Las antorchas son algunos de los símbolos más significativos de Hécate, que la hacen poderosa y aumentan sus misterios y contradicciones. Para ser una diosa asociada a los aspectos oscuros de la vida, como el inframundo y el lado oscuro de la luna, también es una fuerza de luz.

Siempre puede invocar a Hécate para iluminar la oscuridad que lleva dentro o cuando se enfrenta a obstáculos y busca a alguien que le muestre el camino e ilumine sus oscuros senderos.

Serpientes

En varias ilustraciones, Hécate aparece con una serpiente en la mano. En la antigua Grecia, las serpientes se asociaban con la nigromancia y la magia. Se utilizaban en hechizos para detectar la presencia de un espíritu.

Media luna

La media luna ha sido un símbolo de Hécate desde la época romana. Por aquel entonces, la gente la consideraba principalmente una diosa de la luna, así que la media luna se convirtió en su símbolo para significar su conexión con la luna.

Búhos

En algunas ilustraciones, Hécate aparece rodeada de búhos, que simbolizan la sabiduría. Aunque no es la diosa de la sabiduría, se la asocia con ella. Para empezar, como diosa de las encrucijadas, puede ver el pasado, el presente y el futuro, y posee conocimientos sobre cada etapa de la vida. También tiene acceso a la sabiduría divina que difunde entre la gente, por lo que tener búhos como símbolo representa estos diferentes aspectos de la diosa.

Sauces

Hay muchos símbolos asociados a los sauces. Significan supervivencia, adaptabilidad, esperanza, crecimiento, cambio y nuevos comienzos. Dado que Hécate es la diosa de las encrucijadas, representa los nuevos comienzos y el cambio, lo que convierte al sauce en su símbolo ideal.

La diosa también está asociada a otras plantas.

- Calabazas
- Grosellas
- Pasas
- Azafrán
- Espino negro
- Tejo oscuro
- Arboledas

Aromas

Como Hécate es la diosa de la luna y está asociada con la noche, a menudo se la llama la " reina de la noche". Esto hace que la flor de la reina de la noche sea un símbolo apropiado de la diosa. Las flores son tan misteriosas como Hécate porque florecen simultáneamente, lo que las hace bastante intrigantes. En algunas culturas, si se reza a una deidad o se pide un deseo mientras la reina de la noche está floreciendo, el deseo o la oración se hará realidad.

Otros aromas que se asocian con Hécate:

- Verbena de limón
- Lima
- Miel
- Artemisa
- Mirra
- Canela

Colores

Hécate se asocia con el color negro. Esto tiene sentido para una diosa que representa la noche, la oscuridad, el inframundo y la muerte. El negro también es un color misterioso, por lo que encaja perfectamente con la intrigante diosa.

Hécate también se asocia con el rojo-naranja, el amarillo-naranja y el naranja.

Metales y gemas

Las piedras luminosas y oscuras simbolizan a Hécate, ya que representan los aspectos oscuros de la personalidad de la diosa.

Las gemas y metales con los que se asocia a Hécate incluyen:

- Cuarzo ahumado
- Hematites
- Ónix negro
- Turmalina negra
- Piedra de luna
- Oro
- Plata
- Zafiro

Ejercicio práctico

Ahora que ya conoce los símbolos de Hécate, intente dibujar los suyos propios. Puede dibujar la rueda en cualquiera de sus formas o crear algo a partir de su imaginación utilizando cualquiera de sus símbolos. No busque ideas en Google; déjese guiar por su intuición y dibuje lo que le parezca correcto. Sitúese en una habitación tranquila, sin distracciones, coja una hoja de papel en blanco, sujete un bolígrafo o un lápiz y empiece a dibujar.

Los símbolos de Hécate reflejan las muchas contradicciones y misterios que rodean a la diosa. Se la asocia con colores y metales oscuros y con el lado oscuro de la luna, pero se la representa con una antorcha en la mano para iluminarla y guiarla. Sus símbolos también muestran su importante papel en la vida. No es solo la diosa de la brujería y el inframundo. Sin embargo, tiene el poder de transferir el conocimiento divino entre la humanidad y puede ver el futuro.

Hay muchas facetas de la personalidad de Hécate y diferentes aspectos de su culto. Se pueden utilizar sus símbolos para lanzar hechizos, buscar guía, pedir protección, rezar por sabiduría y muchas otras cosas. Hécate es algo más que una diosa oscura asociada a la brujería; también puede ser una fuerza de luz, que ayuda a superar obstáculos e ilumina los caminos más oscuros.

Capítulo 4: Conexión con Hécate

Ahora que conoce a Hécate y sus asociaciones, probablemente esté ansioso por entrar en contacto con ella. Este capítulo le ayudará a explorar diferentes métodos de conexión: Desde viajar hacia ella y encontrarla en la encrucijada hasta meditar con ella y expresar su gratitud por su presencia, pasando por técnicas de atención plena que os unirán a los dos. Explorará todas las formas significativas de vincularse con Hécate, preparándole para otras técnicas prácticas de trabajo con la diosa (que se describirán en los capítulos siguientes).

Advertencias importantes

Antes de adentrarse en el aspecto práctico del trabajo con Hécate, debe tener en cuenta algunas cosas. La primera es su **salud mental**. La brujería y los rituales requieren una intensa concentración y fuerza mental. No solo eso, sino que trabajar con Hécate también significa que usted experimentará cambios en su vida, lo que puede hacerle vulnerable a influencias negativas. Recuerde que es una diosa increíblemente poderosa y una bruja que puede proporcionarle mucho poder espiritual y mágico, pero debe estar preparado para aceptarlo. Debe ser capaz de alejar las energías negativas para superar sus dificultades.

Todo esto solo es posible si tienes una buena salud mental. Si ya tiene problemas de salud mental, es probable que no pueda concentrarse en sus intenciones. En el mejor de los casos, no podrá conectar con Hécate. Solo desperdiciará su energía mental cuando podría haberla utilizado para la curación mental y espiritual. En el peor de los casos, tendrá una mala experiencia (como visiones y sueños perturbadores), lo que contribuirá aún más al deterioro de su salud mental.

Por lo tanto, si ha experimentado problemas de salud mental en el pasado, céntrese en su curación antes de intentar establecer contacto con Hécate. Entre los síntomas a tener en cuenta se incluyen la falta de sueño y otros trastornos del sueño, problemas de memoria, fatiga, depresión y ansiedad. Además, si nota alguno de estos síntomas después de haber empezado a trabajar con Hécate, deténgase y busque ayuda de un profesional médico para tratar sus síntomas. No continúe hasta que haya mejorado su bienestar mental.

El siguiente factor a tener en cuenta es la seguridad **contra incendios.** Trabajar con Hécate a menudo requiere el uso de velas, pequeñas antorchas u otras fuentes de fuego. Nunca deje las llamas desatendidas. Si ha terminado con ellas durante un rato y piensa abandonar el espacio, apague el fuego. Puede volver a encenderlo cuando regrese y dedicar tiempo a supervisarlo de nuevo. Otra razón para dejar las llamas encendidas durante largos periodos es que los rituales para los que las necesita requieren concentración. Una vez que la concentración decae, el trabajo se vuelve ineficaz. Volver a encender las llamas es más eficaz cuando regresa con la mente fresca y está preparado para centrarse de nuevo en su intención. Evite utilizar fuentes de fuego abiertas cerca de niños pequeños, mascotas o en espacios sin ventilación. La concentración que requiere el trabajo mágico puede desviar su atención de la supervisión de las mascotas o los niños. Esto puede impedir que pueda detenerlos si se acercan demasiado a las llamas. Trabajar con llamas en un espacio ventilado forma una mejor conexión con Hécate. Por no mencionar que es mucho más seguro para usted, su hogar y los que le rodean. El fuego utiliza oxígeno, que también necesitará. Trabajar en un espacio ventilado le proporcionará mucho oxígeno, y con todo ese oxígeno recorriendo su cuerpo y su mente, podrá concentrarse mejor.

Por último, debe tener en cuenta que trabajar con Hécate requiere el **uso de hierbas.** Aunque las hierbas que utiliza la diosa tienen beneficios para la salud, también pueden tener efectos adversos. Consulte siempre a un profesional de la salud antes de ingerir cualquier hierba o usarla de forma tópica. Lo mismo se aplica a los aceites esenciales, que contienen compuestos herbales en forma concentrada, por lo que pueden tener un efecto aún mayor sobre la salud. Cuando hable con su médico, farmacéutico o herbolario experimentado sobre las hierbas o mezclas de hierbas que piensa utilizar, mencione si padece alguna enfermedad preexistente. Algunas enfermedades representan una contraindicación para las hierbas utilizadas cuando se trabaja con Hécate. Si experimenta algún efecto secundario como: Irritación de la piel, náuseas o cambios en la respiración, presión arterial o arritmia cardiaca después de ingerir o aplicar tópicamente las hierbas, busque atención médica inmediata. Deje de utilizar las hierbas en cualquiera de sus formas hasta que se resuelvan sus problemas de salud.

Ahora que los descargos de responsabilidad están fuera del camino, puede profundizar en las diferentes técnicas para conectar con Hécate. Como esta será su primera vez contactando y trabajando con la diosa, los siguientes enfoques tienen un formato de meditación. Está demostrado que las técnicas de meditación y atención plena mejoran la concentración. Le enseñarán a concentrarse en su intención en futuros trabajos. A continuación se presentan algunos enfoques para vincularse con Hécate y consejos para hacer que funcionen para usted. Recuerde que el trabajo con la diosa de la transformación es muy personal. Aunque seguir las técnicas que se indican a continuación puede ser una buena forma de empezar, solo tendrán plenos efectos si las hace suyas.

Viaje para conocer a Hécate

Esta meditación le ayudará a encontrarse y comunicarse con Hécate en su encrucijada sagrada. Permanecerá en un lugar durante 8-10 minutos, así que asegúrese de encontrar una posición cómoda y apoyo para la espalda si es necesario. He aquí cómo iniciar el viaje para encontrarse con Hécate:

1. Colóquese en una posición cómoda, preferiblemente sentado con las piernas cruzadas. También puede tumbarse sobre una esterilla. Apoye la mano en las piernas y asegúrese de que la espalda está relajada.

2. Respire profundamente tres veces. Al hacerlo, utilice los músculos abdominales. Así, su respiración será aún más profunda. Cada vez que inhale, exhale lentamente con un suspiro largo y audible.

3. Después de la tercera exhalación, examine su cuerpo para ver si está relajado y cómodo o necesita ajustar su posición.

4. Cierre los ojos e imagínese caminando por un sendero oscuro y con gravilla en una noche tranquila. Visualice una luna

menguante que se eleva sobre las líneas de árboles. Solo puedes oír el sonido de la noche, grillos en los arbustos cercanos y la llamada de un búho que le llega desde un árbol lejano.

5. Siga caminando con confianza hacia adelante en su visión, y trate de disfrutar de la soledad y la compañía del sonido que hace crujir la grava bajo sus pies. Hace frío, y puede ver las pequeñas bocanadas que hace su respiración en el frío del aire del atardecer.

6. Mientras camina, imagínese una luz parpadeante delante de usted. A medida que se acerque, verá la luz procedente de una antorcha que marca el cruce. Cuanto más se acerque, más detallada será la imagen. Puede ver ofrendas dejadas por otros devotos en el poste indicador.

7. A continuación, visualice una pequeña ofrenda que lleva en las manos. Puede ser un pequeño paquete de pan casero, una manzana o cualquier otra cosa que se le ocurra.

8. Al llegar a la encrucijada, el viento se levanta, arrastrando un remolino de caminos a través de la encrucijada. Deténgase un momento para contemplar la cautivadora escena. Acérquese a la zona de las antorchas lo más silenciosamente posible.

9. Respire hondo y deje su ofrenda mientras reza en silencio una oración a Hécate. Mientras lo hace, empiece a centrarse en su entorno. Aunque está perfectamente cómodo estando solo por la noche, de repente percibe una fuente de energía en el aire.

10. Mientras intenta averiguar de dónde procede la energía, de repente oye aullidos de perros. El viento se hace aún más fuerte, haciéndole jadear mientras se arremolina a su alrededor, y lucha por ver qué está ocurriendo. Siente que la tierra tiembla bajo sus pies y oye un profundo estruendo. Si se siente inestable, visualícese agarrado al poste indicador para mantenerse erguido.

11. Ahora, imagine que el ruido y los vientos se desvanecen y que la noche vuelve a ser silenciosa y apacible. Su ofrenda está ahora en el suelo. Sin embargo, al girar lentamente, se da cuenta de que no está solo.

12. A continuación, visualice un gran perro negro que corre hacia usted y le saluda afectuosamente. Siéntase libre de acariciar al perro y jugar con él, entregándose a la risa que el espíritu libre de los animales suele provocar en las personas. Mientras le rasca las

orejas al perro, este le indica de repente que alguien se acerca, una mujer vestida con una elaborada capa negra con capucha.

13. Mientras ve a la mujer acercarse silenciosamente sobre sus pies calzados con sandalias, un búho vuela y se posa graciosamente en lo alto del poste indicador. Le mira con los ojos muy abiertos y se eriza las plumas. Nervioso, se prepara para saludar a la mujer inclinando la cabeza. Tras saludarla, alza la vista y descubre que se trata de una mujer de mediana edad y aspecto regio que lleva una corona de plata. Sin embargo, mientras continúa mirándola, su rostro comienza a cambiar: Primero a una mujer joven, luego a una mucho mayor con el pelo blanco.

14. Concéntrese en los ojos de la mujer, son negros e irradian una sabiduría atemporal. Visualícela saludándole y dándole las gracias por visitarla en su lugar sagrado. Aunque pueda parecer intimidante, intente no tenerle miedo. Así se sentirá más segura de que no le traerá la muerte ni la desgracia. Por el contrario, ella le asistirá a través de cualquier cambio que le sobrevenga y le acompañará a la siguiente etapa de su vida.

15. Imagínesela regalándole llaves de árboles. Estas representan el conocimiento, la intuición y la magia. Hécate le ordena que guarde estos regalos cerca de su corazón y que no dude en llamarla cuando la necesite. Sienta el calor que recorre su cuerpo cuando eleve las llaves hacia su corazón y susurre su agradecimiento.

16. Por último, visualice a Hécate dándose la vuelta y alejándose lentamente de usted, acompañada por su perro y su búho. Una niebla parece engullirlos mientras deja que su imagen desaparezca de su vista. La última imagen de su visión debe ser la del poste indicador, si alguna vez desea volver allí, le estará esperando.

17. Respire hondo, volviendo a conectarse a tierra, y deje que el viaje le lleve de vuelta a casa. Cuando vuelva a su habitación, vuelva a centrar su atención en la respiración. Respire lenta y sonoramente tres veces para volver a la normalidad. Haga un estiramiento y, cuando se sienta preparado, abra los ojos y vuelva lentamente a sus actividades cotidianas.

Meditar sobre un símbolo

La meditación le permite conectar con Hécate
https://unsplash.com/photos/V-TIPBoC_2M

Una de las formas más fáciles de conectar con Hécate es a través de uno de sus símbolos. Dibújelo en un trozo de papel y medite con él para acercar la energía de la diosa a usted. A continuación le explicamos cómo hacerlo:

1. Empiece por adoptar una postura cómoda en una habitación tranquila por la noche. Asegúrese de que no será molestado durante al menos 10-15 minutos antes de comenzar su meditación.
2. Tome el símbolo de su mano y salude a la diosa:

    "Diosa Hécate, reina de todas las brujas
    Anfitriona del inframundo y de lo invisible
    Guardiana de las encrucijadas y los lugares liminales
    Reina de los espacios muertos y transformadores
    Alma de los animales nocturnos y de la luz de la luna
    Le saludo esta noche".
3. Visualice el símbolo ante sus ojos (o siga mirándolo en el papel, lo que le ayude más).
4. Respire un poco y concéntrese en sentir una potente fuente de energía que emana del símbolo.

5. Sienta que la energía de la diosa le llega, envuelve su cuerpo y transporta los dones de Hécate. Sienta que le da poder, que le prepara para sus retos posteriores y que le eleva espiritualmente.
6. Continúe concentrándose en la energía del símbolo hasta que se sienta preparado para completar su meditación.
7. Cuando esté preparado, deje que la imagen del símbolo con la energía se desvanezca (y deje que el papel caiga de sus manos si lo estaba sosteniendo).
8. Exhale profundamente y deje que su mente vuelva a sus pensamientos mundanos.

Meditación en la oscuridad

Esta meditación nocturna se centra en abrazar el hogar oscuro de Hécate e invitarla a entrar en su mundo. Como con cualquier otra técnica de meditación o de atención plena, empiece por ponerse cómodo en un lugar donde no le molesten. A efectos prácticos, se recomienda elegir un lugar cerca de su altar donde pueda colocar una vela y encenderla para Hécate. A continuación le explicamos cómo realizar esta mediación:

1. Después de encender una vela, apague todas las luces y asuma una posición cómoda, respire profundamente.
2. Al exhalar, suelte cualquier tensión que sienta en su cuerpo y permita que su mente se sumerja en un estado de relajación y tranquilidad.
3. Concentrándose en la llama de la vela, deje que sus pensamientos cotidianos se alejen. Visualícelos flotando hasta que no pueda verlos con el ojo de su mente.
4. Vuelva a respirar lenta y profundamente y concéntrese en sentirse seguro en el aquí y ahora mientras se prepara para viajar a la noche profunda. Allí, se encontrará con Hécate y revelará las partes más profundas de sí mismo.
5. Imagínese envuelto en un largo manto, sintiéndose segura bajo la protección de la diosa. Al apartar la mirada de su manto de terciopelo negro, de repente se ve en un prado exuberante, verde y terroso por la noche. Empieza a explorar el prado mientras le acompañan los sonidos de la noche.

6. Visualice una entrada en un árbol cercano al prado. Al acercarse a la entrada, verá cinco escalones que conducen a una puerta custodiada por tres perros negros. A medida que usted descienda los escalones, empezará a sentir que la energía divina se acerca a usted, haciéndole más confiado en su propósito.
7. Cuando llegue a la entrada, entre en su mente y busque recuerdos dolorosos que desee dejar atrás. Reconociendo cada uno, ofrezca estos recuerdos a los perros guardianes.
8. Se sentirá más ligero cuando vea a los perros enterrar sus recuerdos en lo más profundo de la tierra. Los animales le permiten pasar y encontrarse con Hécate.
9. Imagine a la diosa frente a usted, vestida con la misma túnica negra que uste, el símbolo de su energía residiendo dentro de usted. Ella le ofrece su protección y usted la acepta. Observe su imagen y sepa que, al igual que ella sobrevivió a muchos desafíos, usted también lo hará hasta que termine el viaje de su alma en esta vida
10. Antes de irse, ofrézcale a la diosa una pequeña muestra de gratitud. Puede ser un pensamiento de inutilidad, prejuicio o cualquier emoción negativa que quiera dejar atrás. Imagine que Hécate deposita estos pensamientos y sentimientos en un caldero azul, donde desaparecen en el humo de la magia que está preparando.
11. Para llenar el espacio dejado por los pensamientos y emociones negativos, Hécate le ofrece sus bendiciones. Acéptelas y sienta cómo su cuerpo y su mente se relajan y se sienten seguros al recibirlas.
12. Cuando su energía se filtre en su secreto más oscuro, respire profundamente tres veces y deje que las emociones que acompañan al secreto se liberen. Abrace cualquier emoción que sienta: Tristeza, rabia, ansiedad, etc. En el aquí y ahora.
13. Ahora imagine estos sentimientos como habitaciones en su conciencia. A medida que la magia de la diosa sigue emanando hacia su cuerpo y mente, llegan a las habitaciones oscuras, tragándose las emociones negativas y sin dejar nada atrás.
14. Continúe recordando los efectos de la energía curativa hasta que esté listo para regresar. A continuación, respire lenta y tranquilamente tres veces y agradezca a Hécate sus dones y su

curación. Aléjese de la diosa y vuelva a subir las escaleras a través del prado, trayendo lentamente su conciencia de vuelta al presente.
15. Cuando esté preparado, abra los ojos y siéntase revitalizado y lleno de energía positiva.

Lectura del himno órfico a Hécate

Leer el himno órfico a Hécate (lo encontrará en el capítulo extra) es otra forma espléndida de expresar su intención de encontrarse con ellos y trabajar con ellos. He aquí cómo ofrecer este himno en unos sencillos pasos:

1. Encienda una vela morada en su altar. Coloque ofrendas y símbolos de la diosa alrededor de la vela. Conserve el texto del himno a su alcance.
2. Póngase cómodo delante del altar. Su mirada se clavará en la vela y concéntrese en relajar la mente y el cuerpo.
3. Inhale profundamente unas cuantas veces y, a continuación, empiece a leer el himno. Hágalo despacio y, cuando llegue al final, haga una pausa y vuelva a mirar la llama de la vela. Repítalo dos veces más.
4. Cuando termine la última repetición, ya habrá caído la noche y estará listo para irse a la cama. Mientras lo hace, prepárese para un sueño reparador con las bendiciones de la diosa.

Meditación de Hécate en un umbral

Meditar en un umbral es la forma más fácil de llegar a la encrucijada sagrada de Hécate como principiante. Asegúrese de que el umbral que está utilizando es tranquilo para que pueda concentrarse en el ejercicio sin interrupción. He aquí cómo meditar con Hécate en un umbral:

1. Comience al anochecer. Es un momento de transición en el que el poder de la diosa es más fuerte. Apague todas las luces y aparatos electrónicos cercanos, y siéntese cerca del umbral. Apoye la espalda en algo que la sostenga y coloque un cojín detrás. También puede cubrirse con una manta acogedora, ya que puede refrescar.
2. Inhale profundamente y cierre los ojos. Cuando esté preparado, imagínese caminando cuesta arriba hacia un hermoso paraje

natural. A pesar de la oscuridad que se aproxima, puede ver que la hierba es de un verde vivo, al igual que la copa de los árboles.

3. Siente una ligera brisa y el aroma del bosque mientras camina fácilmente hacia los árboles. Al pasar junto a ellos, más adelante, verá una luz que viene de más allá de los árboles. Imagínese caminando hacia la luz y llegando de repente a la cima de la colina, que también es un acantilado. Abajo, puede ver el océano oscuro.

4. En lugar de un camino empinado que descienda por el acantilado, imagine un camino suavemente curvado que conduce al océano. Tome este camino y sienta que se relaja a cada paso.

5. Cuando llegue al pie de la colina, sienta la arena bajo sus pies. Es suave y blanda, y mientras pasea por la playa, oiga el sonido de las olas al encontrarse con la arena.

6. Más adelante ve una cueva. Camine hacia ella y no tema entrar. Respire hondo si necesita calmarse. Sienta la energía tranquilizadora que emana de la cueva mientras la diosa le invita a entrar en su hogar.

7. Imagine que entra en una cueva muy iluminada. Cuando sus ojos se adapten a las luces, verá que la cueva es mucho más profunda de lo que parecía desde fuera. De las profundidades de la cueva emerge una figura femenina y llega a lo que se revela como la encrucijada

8. Véase a sí mismo sonriendo a Hécate mientras ella le devuelve la sonrisa y le abraza con su energía nutritiva. Al comenzar su viaje juntos, puede preguntarle a la diosa lo que quiere que sepa hoy. Si no está preparado para preguntarle nada, puede simplemente quedarse ahí, dejando que su presencia le relaje y le dé poder.

9. Deje que la imagen de Hécate desaparezca, pero puede permanecer en la encrucijada todo el tiempo que desee. Incluso puede dejarse llevar por el sueño si lo desea.

10. Cuando esté listo, salga de la cueva. Cuando salga, deje que los sonidos del océano le devuelvan a la realidad. Estire los brazos y abra los ojos cuando se sienta preparado.

Encuentro con la diosa

Este es otro método para encontrarte con la diosa. Es similar al viaje, pero mucho más sencillo. Sin embargo, requiere mucha concentración. He aquí cómo hacerlo:

1. Prepárese para ir a la cama. Además de prepararse, asegúrese de que su dormitorio sea un lugar lo más relajante posible, adecuado para una práctica relajante y para dormir después. Evite el uso de aparatos electrónicos al menos una hora antes de acostarse. De esta forma, su mente podrá relajarse lentamente y concentrarse en el ejercicio.
2. Cuando esté listo, apague las luces y túmbese. Siéntase cómodo y cierre los ojos.
3. Respire hondo varias veces hasta que sienta que su mente y su cuerpo se relajan.
4. Imagínese caminando lentamente por un túnel oscuro mientras invoca a la diosa. Véala aparecer ante usted al otro extremo del túnel.
5. Diga unas palabras de saludo y gratitud por su presencia.
6. Deje que la visión se desvanezca lentamente, respire hondo y permítase conciliar el sueño de forma natural.

Capítulo 5: Herbología de Hécate

En la mitología griega, la diosa Hécate era venerada como la reina de las brujas y la guardiana de las encrucijadas. Se decía que su poder se extendía más allá del reino físico y se adentraba en el espiritual, donde era conocida por guiar y proteger a aquellos que solicitaban su ayuda. Sin embargo, el aspecto más significativo del dominio de Hécate era su conexión con las hierbas y sus propiedades místicas. Según las leyendas, Hécate era experta en el conocimiento de las hierbas y creaba diversos brebajes herbales que podían provocar cambios extraordinarios en el mundo natural. Se decía que estas infusiones estaban llenas de la energía sagrada de Hécate, que podía utilizarse para curar o dañar, según las intenciones del practicante. Las hierbas asociadas a Hécate son la clave para liberar y manifestar la potente magia de la diosa bruja. Por ejemplo, la artemisa, una de las hierbas favoritas de la diosa, se quemaba a menudo como incienso durante rituales y ritos para invocar sus poderes.

Las personas que buscaban la guía y ayuda de Hécate en asuntos del corazón y el espíritu a menudo recurrían a hierbas asociadas con ella para comunicarse con la diosa. Se creía que ciertas plantas, como la mandrágora o la datura, podían abrir un canal de comunicación entre los reinos físico y espiritual, permitiendo conectar directamente con la diosa. En este capítulo, explorarás las muchas hierbas asociadas con Hécate y la intrincada red de mitos y magia que las rodea. Desde sus usos históricos hasta su utilización en rituales wiccanos modernos, se adentrará en el mundo de las hierbas y descubrirá los secretos del jardín místico de Hécate

Hierbas asociadas a Hécate

Las hierbas asociadas a Hécate son tan diversas como potentes. Se dice que cada una de ellas posee una conexión única con la diosa y su poder, lo que las convierte en una parte crucial del kit de herramientas de cualquier practicante. Entre ellas se incluyen:

1. Tejo

El tejo es un árbol con una larga historia de asociación con la magia y el misticismo. Debido a sus potentes propiedades y a su significado simbólico, muchas culturas lo han considerado sagrado. En las culturas wicca y hecateana, el tejo es una planta particularmente poderosa que tiene una conexión especial con la diosa Hécate. El tejo simboliza la muerte y el inframundo. En la mitología griega, se creía que el tejo era sagrado para Hécate porque crecía cerca de la entrada al inframundo. El tejo se consideraba un portal entre los reinos físico y espiritual y un conducto para comunicarse con la diosa. Históricamente, el tejo se ha utilizado en varias culturas como medio de adivinación y protección. Los druidas de la antigua Gran Bretaña consideraban el tejo un árbol sagrado y utilizaban sus ramas en sus prácticas mágicas. Los antiguos celtas también creían que tenía el poder de proteger contra los malos espíritus y las maldiciones.

El tejo se asocia con el misticismo
https://pixabay.com/es/photos/tejo-tejo-ingl%c3%a9s-frutos-rojos-6678612/

En la actualidad, el tejo se sigue utilizando en diversas formas de hechizos y rituales. Una forma popular de utilizar el tejo es crear una mezcla de incienso que puede quemarse durante las ceremonias en honor a Hécate o para invocar su poder. Para hacer una mezcla de incienso de tejo, combine hojas secas de tejo con otras hierbas y resinas asociadas a la diosa, como la artemisa, el incienso y la mirra. Otra forma de incorporar el tejo a su práctica mágica es crear una bolsa protectora. Para ello, talle un pequeño trozo de madera de tejo con una forma que represente a Hécate o uno de sus símbolos, como una llave o una antorcha. Coloque la madera tallada en una bolsita junto con otras hierbas y cristales protectores, como la turmalina negra o la salvia. Esta bolsita puede llevarla consigo o colocarla en una zona específica de su casa para crear una barrera protectora.

2. Ciprés

El ciprés es uno de los árboles más enigmáticos e intrigantes del mundo natural. Se yergue alto e imponente, en marcado contraste con los suaves sauces llorones que se mecen con la brisa. Durante siglos, el ciprés ha estado vinculado a la diosa Hécate, y su simbolismo y mitología lo convierten en un poderoso complemento para cualquier práctica mágica. Este árbol se asocia a menudo con el concepto de transformación, sobre todo en lo que respecta al herbolario de Hécate. En la mitología griega, se creía que Hécate era la diosa de las transiciones, la guía y protectora de las almas en su paso de un mundo al otro. Con su silueta alta y oscura, el ciprés se consideraba un símbolo de este viaje, ya que sus raíces se adentraban en el inframundo.

El ciprés se asocia con la transformación
https://pixabay.com/es/photos/cipreses-toscana-paisaje-avenida-3701931/

El ciprés es un árbol vinculado desde hace mucho tiempo al concepto de purificación. Antiguamente, la gente quemaba su madera y sus agujas para limpiar sus casas y protegerse de las energías negativas. Hoy en día, el aceite esencial de ciprés se sigue utilizando en muchas prácticas espirituales y mágicas para purificar y limpiar el entorno. Este aceite puede añadirse al agua del baño, difundirse en una habitación o utilizarse en un espray limpiador casero. Al ciprés también se le atribuyen propiedades protectoras, por lo que es un ingrediente popular en muchos hechizos y rituales. Su energía se considera especialmente poderosa en asuntos del corazón y las relaciones. Algunos practicantes utilizan su aceite para crear un amuleto protector para un ser querido o para promover el amor propio y la curación.

Si quiere incorporar el ciprés a su práctica mágica, hay muchas formas de hacerlo. Puede crear un altar dedicado a Hécate y adornarlo con ramas, conos y velas de ciprés. También puede utilizar su madera para crear una varita o un bastón con el que canalizar la energía transformadora de la diosa. Para un toque más sutil, simplemente, lleve un trozo de madera de ciprés en el bolsillo para mantener la energía de la diosa cerca de usted durante todo el día.

3. Hamamelis

El hamamelis, también conocido como flor de invierno, es un arbusto en flor que se asocia con la diosa Hécate en su papel de sanadora y protectora. El hamamelis se ha utilizado durante mucho tiempo en la medicina tradicional por sus propiedades antiinflamatorias, astringentes y calmantes, lo que lo convierte en un poderoso complemento para cualquier práctica mágica. La asociación de Hécate con el hamamelis está vinculada a sus propiedades curativas y a su capacidad para limpiar y purificar. Los antiguos practicantes de magia invocaban a menudo a la diosa para que ayudara a curar a los enfermos y heridos, y el hamamelis se utilizaba en muchos de estos rituales curativos. Sus propiedades astringentes se utilizaban para tratar afecciones cutáneas, mientras que sus propiedades antiinflamatorias se empleaban para reducir la hinchazón y el dolor.

El hamamelis limpia y purifica
Si Griffiths, CC BY-SA 3.0 DEED < https://creativecommons.org/licenses/by-sa/3.0/deed.en >,
via Wikimedia Commons https://commons.wikimedia.org/wiki/File:Witch-hazel_(Hamamelis)_In_Flower,_RHS_Wisley_Garden_Surrey_UK.jpg

En el herbolario de Hécate, el hamamelis también se asocia con la protección y el destierro de la energía negativa. Sus propiedades purificadoras purifican los espacios y eliminan cualquier energía o espíritu no deseados. Las ramas y hojas del arbusto pueden crear una barrera protectora o alejar a los espíritus malignos del hogar. Si desea incorporar el hamamelis a su práctica mágica, hay muchas formas de hacerlo. Puede preparar una infusión de hamamelis para hechizos curativos o para limpiar y purificar su hogar.

También puede utilizar las hojas y ramas del arbusto en un hechizo o amuleto de protección, llevándolo consigo para alejar la energía negativa y protegerse de cualquier daño. Puede crear un aerosol a base de hamamelis para hechizos de disipación mezclando extracto de hamamelis con aceites esenciales conocidos por sus propiedades disipadoras, como la salvia, el cedro o el romero. Simplemente, rocíe la mezcla alrededor de su casa o en su persona para desterrar la energía negativa y los espíritus.

4. Álamo negro

El álamo negro, también conocido como Populus nigra, es una especie de árbol muy asociada a Hécate, la diosa griega de la brujería, la magia y la noche. La relación de este árbol con la diosa se remonta a la antigüedad, cuando se creía que el susurro de sus hojas era la voz de la propia diosa. El álamo negro se asocia con la transformación, la renovación y los misterios de la muerte y el renacimiento. La estatura alta y esbelta del árbol, con sus raíces firmemente plantadas en el inframundo, simboliza la conexión de la diosa con el mundo espiritual y los misterios del más allá. También se creía que el álamo negro era una fuente de adivinación, ya que sus hojas y ramas se utilizaban para hacer pronunciamientos oraculares.

El álamo negro se utiliza para la transformación y la renovación
David Hawgood / Álamo negro, cerca de Milton Common, CC BY-SA 2.0 DEED <https://creativecommons.org/licenses/by-sa/2.0/deed.en> vía Wikimedia Commons https://commons.wikimedia.org/wiki/File:Black_Poplar,_near_Milton_Common_-_geograph.org.uk_-_245091.jpg

Históricamente, el álamo negro se utilizaba en diversos rituales y hechizos mágicos, sobre todo los relacionados con la transformación y la renovación. Con su corteza y sus hojas se preparaban tés, tinturas y cataplasmas para ayudar en la curación y en las transiciones vitales, como el nacimiento, la muerte y el despertar espiritual. La madera del árbol también se utilizaba para crear varitas, que se creía ayudaban al practicante a conectar con las energías de la transformación y el cambio. Hoy en día, el álamo negro se sigue utilizando en prácticas mágicas para ayudar a la transformación y la renovación. Sus hojas pueden secarse y quemarse como incienso para ayudar en la meditación y conectar con la energía transformadora de la diosa. La corteza y las hojas también se pueden utilizar para crear té, que se puede consumir para ayudar en la curación espiritual y ayudar con las transiciones en la vida.

5. Ajo

Con su potente aroma y sus poderosas propiedades, el ajo se asocia desde hace mucho tiempo con Hécate. En la tradición herbal de Hécate, el ajo es conocido como una hierba protectora que puede desterrar la negatividad y los malos espíritus. En la antigüedad, se creía que el ajo era un arma potente contra las fuerzas oscuras y los espíritus malévolos. Se creía que su fuerte aroma era perjudicial para los seres malignos y que podía ahuyentarlos. Por eso se colocaba en la entrada de las casas o se colgaba en las ventanas para alejar las energías negativas.

El ajo se utiliza para alejar a las fuerzas oscuras y a los espíritus
https://unsplash.com/photos/vIiye0QDryo

En la magia de Hécate, el ajo se utiliza para proteger al practicante de cualquier daño y para desterrar la energía negativa. Se dice que su penetrante aroma limpia el aire de negatividad y crea una barrera protectora alrededor del practicante. Se puede utilizar en una gran variedad de trabajos mágicos, desde crear amuletos protectores hasta añadirlo a la comida por sus propiedades mágicas. Hoy en día, el ajo sigue siendo una poderosa herramienta en las prácticas mágicas modernas. Puede utilizarse para crear saquitos o amuletos protectores, añadirse a baños purificadores o quemarse como incienso para crear una atmósfera protectora. También se puede utilizar en la magia culinaria, donde su sabor y propiedades mágicas se pueden incorporar a las recetas para promover la curación y la protección.

6. Lavanda

La lavanda, con sus suaves tonos morados y su delicada fragancia, es una hierba muy apreciada en el mundo de la magia y el folclore. Se dice que se asociaba con Hécate, la diosa griega de la brujería, por sus propiedades calmantes y su capacidad para tranquilizar la mente y el espíritu. En la herboristería de Hécate, la lavanda se utiliza a menudo en hechizos y rituales para promover la paz, la armonía y el equilibrio. Se dice que su suave energía alinea los chakras y calma la mente, lo que la convierte en una poderosa herramienta para la meditación y la adivinación. La asociación de la lavanda con Hécate también está vinculada a su conexión con la luna. A menudo se representa a Hécate como una diosa lunar, y se cree que la lavanda está regida por la luna. Se dice que las delicadas flores moradas de esta hierba representan el suave resplandor de la luna, mientras que sus propiedades calmantes reflejan la energía tranquilizadora de la luna.

La lavanda se utiliza para calmar y tranquilizar la mente
https://unsplash.com/photos/ClWvcrkBhMY

Además de sus propiedades mágicas, la lavanda es una hierba muy popular en aromaterapia y fitoterapia. Se cree que su relajante fragancia tiene un efecto calmante sobre el sistema nervioso, lo que la convierte en un remedio popular contra la ansiedad, el estrés y el insomnio. Para incorporar la lavanda a su práctica mágica, puede utilizarla de varias formas, desde crear saquitos de hierbas hasta quemar velas con aroma de lavanda. También puede añadir lavanda al agua del baño para promover la relajación y crear una sensación de paz interior.

7. Mirra

La mirra, con su aroma picante y resinoso y su antigua historia, es una hierba poderosa en el mundo de la magia y la mitología. En la antigüedad, era muy apreciada por sus propiedades curativas y se utilizaba como moneda de cambio en algunas culturas. La mirra se asocia con el inframundo y el más allá en la tradición de las hierbas de Hécate. Su uso en ritos funerarios se remonta a la antigüedad, y a menudo se quemaba como ofrenda a los dioses. Como diosa de la brujería y guardiana de las llaves del inframundo, a menudo se invoca a Hécate en rituales relacionados con la mirra.

La mirra tiene poderosas propiedades curativas
https://pixabay.com/es/photos/mirra-natividad-navidad-jes%c3%bas-6050657/

El simbolismo de la mirra también está ligado a sus poderosas propiedades curativas. A menudo se utiliza para desterrar las energías negativas y purificar la mente, el cuerpo y el espíritu. Favorece la curación, refuerza el sistema inmunitario y calma los nervios. La mirra es una hierba versátil que puede utilizarse de varias formas en su práctica mágica; puede quemarla como incienso para desterrar las energías negativas y crear una barrera protectora alrededor de usted o de su hogar. Puede añadirla a un baño de hierbas para promover la curación y la purificación.

8. Artemisa

La artemisa está profundamente ligada al mundo de la magia y la espiritualidad. Se ha utilizado durante mucho tiempo en muchas culturas por sus poderosas propiedades y a menudo se asocia con la diosa Hécate. En el herbolario de Hécate, la artemisa se considera una hierba protectora, especialmente para las mujeres y los viajeros. Potencia las capacidades psíquicas y abre el tercer ojo, lo que la convierte en una hierba popular para la adivinación y los sueños lúcidos. También se utiliza para ayudar en la proyección astral y mejorar la intuición.

La artemisa se utiliza a menudo en rituales lunares
AnemoneProjectors, CC BY-SA 2.0 <https://creativecommons.org/licenses/by-sa/2.0>, vía Wikimedia Commons
https://commons.wikimedia.org/wiki/File:Mugwort_(Artemisia_vulgaris)_(24244929842).jpg

Simbólicamente, la artemisa se asocia con la luna y el elemento aire. Sus hojas plateadas y su textura suave y plumosa evocan la energía de la luna y la convierten en una hierba popular para los rituales lunares. Además, su cualidad ligera y aireada la hace útil para hechizos y rituales que implican movimiento y transformación. La artemisa es una hierba versátil que puede utilizarse de varias formas en su práctica mágica.

Puede quemar artemisa como incienso para potenciar sus habilidades psíquicas y ayudar en la adivinación. Puede añadirla a una almohada de sueños para fomentar los sueños lúcidos o beberla como té para ayudar a la proyección astral.

9. Cardamomo

En el herbolario de Hécate, el cardamomo se considera una hierba de transformación y protección. Se dice que tiene el poder de disipar la energía negativa y atraer la energía positiva. Como especia muy valorada en la antigüedad, el cardamomo tiene una larga historia de uso en diversas formas de magia, incluyendo incienso y hechizos. Era una hierba popular en la antigua magia egipcia y griega y en la medicina ayurvédica. Se le atribuían propiedades curativas y se utilizaba para tratar diversas dolencias, como problemas digestivos y respiratorios. También se utilizaba como afrodisíaco y se creía que aumentaba la potencia sexual.

El cardamomo atrae la energía positiva
https://unsplash.com/photos/2P0EFD18NYA

En la magia moderna, el cardamomo se utiliza a menudo en hechizos y rituales relacionados con la protección, la purificación y la transformación. Se dice que tiene el poder de disipar la energía negativa y atraer la positiva, lo que lo convierte en una valiosa herramienta para los practicantes espirituales. Puede quemarse como incienso o añadirse al agua del baño para purificar y limpiar el cuerpo y la mente.

10. Menta

En el herbolario de Hécate, la menta se considera una poderosa hierba de la luna y se asocia a menudo con la asociación de la diosa con el inframundo. Se cree que ayuda a conectar con las capacidades intuitivas y psíquicas y se utiliza a menudo en rituales de adivinación y exploración espiritual. La menta tiene una larga historia de uso en la medicina tradicional y la magia. Los antiguos griegos y romanos la utilizaban para tratar diversas dolencias, como problemas digestivos, dolores de cabeza y problemas respiratorios. También se utilizaba para refrescar el aliento y dar sabor a los alimentos.

La menta se utiliza en rituales y hechizos de adivinación e intuición
https://www.pexels.com/photo/green-mint-photo-214165/

En magia, la menta se utiliza a menudo en hechizos y rituales relacionados con la adivinación, la intuición y la exploración espiritual. Se cree que tiene el poder de conectar con el reino espiritual, lo que la convierte en una valiosa herramienta para los practicantes espirituales. Puede quemarse como incienso o utilizarse en hechizos para abrir las capacidades intuitivas y mejorar la conciencia psíquica. También se asocia con el elemento aire, que representa el poder de la comunicación y el intelecto. Esta asociación con el aire hace que la menta sea una herramienta valiosa para aquellos que buscan mejorar sus habilidades de comunicación o conectarse más profundamente con el reino espiritual.

11. Diente de león

El diente de león se asocia a menudo con la diosa griega Hécate y se ha utilizado en su herbolario durante siglos. La planta es venerada por su asociación con el inframundo y su capacidad para ayudar a conectar con el poder y la fuerza interiores. Se cree que las flores amarillas brillantes del diente de león representan el poder del sol, mientras que las semillas blancas y esponjosas representan el poder del viento. Esta combinación de energía solar y lunar convierte al diente de león en una poderosa herramienta de transformación y crecimiento, un aspecto clave de la asociación de Hécate con la magia.

Los dientes de león representan el poder del sol

Greg Hume, CC BY-SA 3.0 <https://creativecommons.org/licenses/by-sa/3.0>, vía Wikimedia Commons https://commons.wikimedia.org/wiki/File:DandelionFlower.jpg

En la antigüedad, el diente de león se utilizaba como hierba medicinal para tratar diversas dolencias, como problemas hepáticos, digestivos y cutáneos. También se utilizaba en rituales de adivinación para ayudar a los practicantes a conectar con el reino espiritual y comprender su futuro. En el herbolario de Hécate, el diente de león se utiliza a menudo para mejorar la intuición, aumentar las capacidades psíquicas y fomentar el crecimiento y la transformación personal. Se cree que esta hierba ayuda a eliminar viejos patrones y hábitos, permitiendo que emerja un yo más auténtico y empoderado. También se utiliza en hechizos y rituales de protección, ya que su asociación con el inframundo y el sol ofrece una poderosa protección contra las energías y entidades negativas. Puede quemarse como incienso, añadirse a bolsitas o saquitos de hechizos, o utilizarse en baños espirituales para promover la purificación y la protección.

12. Eléboro

El eléboro se asocia desde hace mucho tiempo con la diosa griega Hécate y su magia. Se dice que posee poderosas energías que pueden utilizarse para provocar la transformación, la protección y la conexión con el reino espiritual. La planta del eléboro se ha utilizado en remedios medicinales durante miles de años y se consideraba una cura para muchas dolencias, como la locura, la melancolía y la fiebre. Sin embargo, su uso en prácticas mágicas es donde entra en juego su asociación con Hécate.

El eléboro se utiliza por sus cualidades protectoras
https://pixabay.com/es/photos/helleborus-niger-rosa-de-navidad-7029641/

En el herbolario de Hécate, el eléboro se utiliza a menudo por sus cualidades protectoras. Se cree que aleja las energías, entidades y espíritus negativos, por lo que es un ingrediente importante en hechizos y rituales de destierro y protección. También se asocia con la transformación y el renacimiento y se utiliza en hechizos y rituales para ayudar a las personas a liberarse de viejos patrones y abrazar nuevos comienzos. Es una herramienta poderosa para quienes buscan conectar con el reino espiritual y la sabiduría de la diosa.

Además de sus propiedades protectoras y transformadoras, el eléboro se asocia con la adivinación y la profecía. Potencia la intuición y las capacidades psíquicas, lo que la convierte en una hierba ideal para quienes buscan desarrollar sus dones espirituales. Sin embargo, es importante tener en cuenta que el eléboro es venenoso y no debe ingerirse fresco. Solo debe utilizarse en su forma seca o como infusión en baños o lavados espirituales.

Estas poderosas plantas se han utilizado durante mucho tiempo para conectar con la energía transformadora de la diosa de las encrucijadas. Desde la potente protección del tejo hasta la energía limpiadora y purificadora del eléboro, cada una tiene su propio simbolismo y magia únicos. Al trabajar con estas hierbas, es importante honrar su poder y acercarse a ellas con respeto e intención. Ya sea que elija crear una mezcla de incienso, preparar una infusión o elaborar una bolsa de protección, las hierbas asociadas con Hécate ofrecen una poderosa herramienta para conectarse con la sabiduría y la magia de esta antigua diosa. Mientras explora el mundo de las hierbas de Hécate, recuerde que esto es solo el principio de un viaje profundo y transformador. Al incorporar estas hierbas a su práctica mágica, podrá conectar con la energía de la diosa, abrazar su poder interior y liberar todo el potencial de su viaje espiritual.

Capítulo 6: Crear un altar para Hécate

Crear un altar para Hécate es un encuentro profundamente íntimo y espiritual que es vital para cualquier ritual hecateano. Un altar sirve como un santuario sagrado donde puedes establecer un profundo vínculo con Hécate, rendirle homenaje y buscar su sabiduría. Tanto si es nuevo en el reino de la brujería hecateana moderna como si es un practicante experimentado, la creación de un altar dedicado a Hécate ofrece una oportunidad excepcional para enriquecer su práctica y establecer una conexión más estrecha con la diosa de la brujería.

Hécate es una diosa poderosa y enigmática conocida por su asociación con la magia, la brujería, las encrucijadas y la liminalidad. Como madre de la brujería, es una fuerza que guía a brujas y practicantes de magia de todo el mundo. Crear un altar dedicado a ella es una forma de mostrar su respeto y devoción a esta poderosa deidad. Un altar para Hécate no es solo una herramienta para la brujería; también es un lugar de poder y transformación. Es un espacio sagrado donde puede comunicarse con lo divino, buscar orientación y explorar su espiritualidad. Tanto si busca respuestas a las grandes preguntas de la vida como si trabaja para manifestar sus deseos, un altar para Hécate puede ser una herramienta inestimable en su viaje.

En este capítulo, explorará los elementos de la creación de un altar para Hécate, incluyendo las herramientas y los símbolos que se utilizan comúnmente en la brujería hecateana moderna. También profundizará en los detalles de la creación de su altar, incluyendo la forma de organizar sus herramientas y ofrendas para reflejar su brujería personal y la devoción a la diosa. Al final de este capítulo, tendrá todo el conocimiento y la inspiración que necesita para crear un altar personalizado y poderoso dedicado a la diosa de las brujas. Es hora de conectar con Hécate y dejar que le guíe en su viaje espiritual.

Altar vs. Santuario

Un altar es un espacio reservado para exponer objetos religiosos con un significado importante. El término "altar" deriva de "alter", que significa cambiar. En la wicca, un altar puede contener herramientas para practicar su fe, como un athame, representaciones de deidades y objetos que simbolizan los cuatro elementos o las direcciones.

Sin embargo, el uso del término "altar" para describir un espacio santificado en el que se exhiben objetos de culto a Hécate ha sido motivo de controversia entre sus seguidores y los practicantes de la brujería hekatea. Algunos sostienen que el término apropiado para esta disposición es santuario, no altar. Si su intención es expresar devoción a Hécate, es mejor utilizar el término *santuario* en lugar de *altar*. Puede optar por fusionar un santuario y un altar en un único lugar sagrado, si así lo desea. En última instancia, usted decide cuál es el lenguaje que mejor se adapta a su práctica y que le parece más adecuado.

Un santuario es un espacio sagrado dedicado a expresar devoción y culto a una deidad o espíritu. Es un lugar donde se dejan ofrendas y se reza, un punto focal para la expresión de la relación espiritual de cada uno con un ser concreto. En el caso de Hécate, la diosa de las brujas, es habitual que los devotos tengan un santuario en su honor. Los santuarios a Hécate suelen incluir imágenes o representaciones de ella y ofrendas como velas, incienso y comida. Las llaves son un símbolo común asociado a Hécate, que representa su capacidad para desvelar misterios y abrir puertas. Muchos devotos incluyen llaves en sus santuarios para expresar su gratitud por la ayuda de Hécate en sus vidas.

Los santuarios también pueden servir como lugar para pedir ayuda o guía a Hécate. Esto puede incluir colocar ofrendas u objetos en el santuario que estén impregnados de una intención o petición específica, como una foto de un ser querido que necesite ayuda. Aunque un santuario es principalmente un lugar de devoción y culto, también puede utilizarse para prácticas adivinatorias. Muchos devotos utilizan sus santuarios para comunicarse con los muertos o recibir mensajes de la diosa. En última instancia, los objetos y ofrendas que uno incluye en su santuario deben reflejar su relación personal con la diosa y su práctica brujeril única. Aunque se asocian símbolos y objetos comunes con Hécate, como llaves y representaciones de ella, en última instancia depende de cada persona determinar qué desea incluir.

Preparar el altar

Cuando cree un altar para honrar a Hécate, considere la posibilidad de incluir una representación de ella, como una estatua o un cuadro. Existen muchas obras de arte de gran belleza y, si decide utilizarlas, asegúrese de comprar una copia en lugar de descargarla e imprimirla. Si no tiene presupuesto, busque imágenes de dominio público. Hécate, siendo la reina de las brujas, aprecia tener su propio altar o espacio de altar en la casa de una bruja. Además, también puede añadir objetos como un caldero, un cuchillo, una escoba, figuras de perros y decoraciones con estrellas y lunas. Es importante limpiar y consagrar el espacio y los utensilios en nombre de Hécate antes de instalarlos, y luego volver a limpiarlos y cargarlos mensualmente en la luna oscura. Recuerde que su santuario puede empezar siendo sencillo, pero crecerá con el tiempo. Estas son algunas pautas que puedes tener en cuenta a la hora de montar un altar para Hécate.

1. Elegir la ubicación

Elegir la ubicación correcta para su altar es crucial para establecer un espacio sagrado para Hécate. Cuando decida dónde colocar su altar, tenga en cuenta factores como la privacidad, la accesibilidad y la atmósfera. Puede elegir un rincón de su dormitorio, un espacio en una estantería o una pequeña mesa en una zona tranquila de su casa. El lugar que elija debe ser un sitio en el que se sienta cómodo y seguro, un lugar en el que pueda concentrar su intención y su energía.

Cuando elija un lugar, piense en la energía del espacio. ¿Es un lugar donde se siente conectado con la naturaleza o un lugar oscuro y misterioso? Tal vez sea un espacio con vista al cielo nocturno o una ventana por la que entre luz natural. Una vez elegido el lugar, es importante limpiarlo y consagrarlo. Puede utilizar el humo de la quema de salvia o incienso para purificar el espacio o rociar agua salada para limpiarlo. Mientras lo hace, invoque a Hécate para que bendiga la zona y la proteja de las energías negativas.

2. Cuándo prepararlo

Al crear un altar para Hécate, el momento oportuno puede desempeñar un papel importante en la construcción de una conexión más fuerte con esta diosa. Se recomienda crear el altar cuando la energía de la luna está en su apogeo, como en la noche de luna llena, luna nueva o un lunes. He aquí por qué:

En primer lugar, la luna llena es un momento de mayor energía, abundancia y manifestación. Es un momento en el que la luna está completamente iluminada e irradia una energía poderosa. Crear un altar para Hécate durante la luna llena puede amplificar sus intenciones y fortalecer su vínculo con ella, ya que la energía de la luna apoyará sus esfuerzos. Por otro lado, la luna nueva representa un momento de nuevos comienzos y de empezar de cero. Es el momento de establecer intenciones y plantar semillas para el futuro. Si crea un altar para Hécate durante la luna nueva, aprovechará esta energía y la invitará a ayudarle en su nuevo viaje.

Los lunes también son un buen momento para crear un altar para Hécate, ya que este día se asocia con la luna y la diosa. Los lunes se consideran el mejor día para trabajar con Hécate, ya que ofrecen la oportunidad de empezar la semana con fuerza y centrado. La creación de un altar durante estos momentos de máxima actividad lunar puede garantizar que sus intenciones se alineen con las fases de la luna. Esto puede proporcionar una mayor sensación de armonía y equilibrio en su vida, lo cual es clave para cualquier práctica espiritual.

3. Mantenerlo personal

Cuando se trata de crear un santuario para Hécate, es importante que sea personal. Aunque puede comprar objetos para añadir a su santuario, crear sus propios objetos puede ser una de las formas más significativas de expresar devoción a Hécate. No se preocupe si no se considera una persona con inclinaciones artísticas. Lo que más importa es el amor y la intención que ponga en el objeto, no lo bien que quede en las redes sociales. Sin embargo, si no se siente inclinado a crear sus propios objetos, tampoco pasa nada. Lo importante es que los objetos que elija para su santuario sean personales y reflejen sus sentimientos hacia Hécate.

Tenga en cuenta que, a diferencia de algunas tradiciones paganas, Hécate no reside en objetos. Por lo tanto, es inapropiado intentar ponerla en un objeto. Esto se consideraría blasfemia. Hécate es una diosa poderosa y multifacética que existe independientemente de cualquier objeto físico. Por lo tanto, cuando elija objetos para su santuario, es importante recordar que no son más que símbolos de su relación con ella. En última instancia, la clave para crear un santuario personal para Hécate es dejarse guiar por la intuición. Elija objetos que resuenen con usted y por los que se sienta atraído. Al hacerlo, creará un espacio exclusivamente suyo y reflejará la profunda conexión que comparte con esta poderosa y antigua diosa.

4. Colores de Hécate

A menudo se asocia a Hécate con colores específicos que pueden incorporarse a su santuario. Los colores más comúnmente asociados con ella son el negro, el rojo y el blanco. Estos colores se pueden utilizar de diversas formas, desde velas hasta telas o recortes de papel. El negro, en particular, es un color muy asociado a Hécate y puede utilizarse para representar la noche, lo desconocido y los misterios del inframundo. El rojo es otro color asociado a Hécate y puede utilizarse para representar su poder y pasión. Se puede utilizar en velas, telas u otros elementos decorativos que decida incluir en su santuario. El blanco, por su parte, representa la pureza y la claridad. Puede utilizarse como color de fondo para el santuario o como color de contraste para los elementos decorativos.

Otro color asociado a Hécate es el amarillo o azafrán. Este color representa la cosecha y los abundantes dones de la tierra. Puede utilizarse en tejidos o en forma de objetos decorativos como flores o frutas. Además de estos colores, también puede considerar los colores de los objetos asociados a Hécate. Por ejemplo, el verde es el color de los robles, que son sagrados para Hécate. Puede que quiera incluir el verde en su santuario para representar el mundo natural y el poder de la tierra. En general, utilizar colores asociados a Hécate es una forma estupenda de añadir profundidad y significado a su santuario. Al incorporar estos colores en velas, telas u otros elementos decorativos, puede crear un espacio único y personal para su devoción a esta poderosa diosa.

5. Ofrendas

Cuando se trata de ofrendas para un santuario de Hécate, muchos objetos tradicionales se han asociado con ella a lo largo de la historia. Estos pueden incluir cosas como el ajo, el azafrán, hojas de roble, y ciertos tipos de alimentos. Sin embargo, también es importante tener en cuenta los objetos personales que son significativos para su devoción. Por ejemplo, si asocia una flor concreta con Hécate, puede incluirla en su santuario como ofrenda. Las rosas silvestres, asociadas a Hécate, son una buena opción. Puede utilizarlas como partes permanentes del santuario o como ofrendas durante la fase de luna nueva. Además de objetos, también puede utilizar símbolos como perros o serpientes en su santuario. Por ejemplo, tener una estatua de un perro o una piel de serpiente puede ser una buena forma de incorporar estos símbolos a su espacio.

Por último, cabe destacar que los objetos personales con significado simbólico pueden ser una forma poderosa de hacer ofrendas a Hécate. Por ejemplo, puede incluir una joya que le haya legado un familiar o una pequeña baratija que le recuerde una experiencia significativa de su vida. Elija lo que elija, recuerde que la ofrenda debe significar su devoción y aprecio por Hécate, así que elija algo que tenga un significado personal para usted.

6. Herramientas mágicas y objetos sagrados

Como bruja hecateana moderna, puede utilizar muchas herramientas sagradas y objetos mágicos en su altar. Estas herramientas pueden ayudarle a conectarse con la energía de Hécate y ayudar en sus trabajos mágicos. Una de las cosas más importantes a tener en cuenta al elegir sus herramientas es que deben ser personales para usted. Es posible que desee considerar la fabricación de sus propias herramientas, ya que esto puede ser una manera muy significativa de expresar su devoción a Hécate.

Algunos ejemplos de herramientas sagradas que se pueden utilizar en un altar incluyen:

1. Cuchillos y hojas

Un cuchillo es una herramienta común utilizada en muchas tradiciones mágicas. Se puede utilizar para cortar hierbas, tallar símbolos y otros fines prácticos. Algunas brujas usan cuchillos como ofrendas a Hécate, mientras que otras los usan para hechizos de protección. Como diosa asociada a la brujería y la magia, Hécate suele estar vinculada al uso de cuchillos y hojas en rituales y hechizos. En la práctica hecateana, los cuchillos y las hojas se consideran herramientas sagradas y se utilizan para cortar energía, cuerdas y otros materiales en los hechizos.

Los cuchillos y las hojas se utilizan para cortar cuerdas, dirigir la energía y formar círculos
Matus Kalisky, CC BY-NC-ND 2.0 DEED < https://creativecommons.org/licenses/by-nc-nd/2.0/>, https://www.flickr.com/photos/31007239@N06/24477266240

El athame, un cuchillo de doble filo, es habitual en la práctica wiccana y hecateana. Se utiliza para lanzar círculos, dirigir la energía y cortar cuerdas. Tradicionalmente, el athame tiene el mango negro, símbolo del elemento fuego, que representa la voluntad, la pasión y la transformación. Para consagrar un athame para su uso en la práctica hecateana, puede limpiarse con agua salada, sahumarse con hierbas como la salvia o la artemisa, y cargarse bajo la luz de la luna llena o en presencia de la imagen o estatua de Hécate.

Las espadas también se utilizan a veces en la práctica hecateana, ya que se asocian con la fuerza, la protección y la capacidad de atravesar obstáculos. Pueden utilizarse para lanzar un círculo o para cortar simbólicamente los lazos con influencias o situaciones negativas. Para consagrar una espada para la práctica hecateana, puede limpiarse con agua salada, sahumarse con hierbas como el incienso o la mirra y cargarse en presencia de la imagen o estatua de Hécate.

2. Velas

Las velas son esenciales para muchas prácticas espirituales y mágicas, incluida la brujería hecateana. Pueden utilizarse para representar el elemento del fuego, que se asocia con la transformación, la pasión y la energía. En los altares hecateanos, las velas se utilizan a menudo para honrar a la diosa y aportar al practicante luz y claridad.

Las velas se utilizan para conectar con Hécate
https://pixabay.com/es/photos/vela-la-magia-ritual-magia-4702150/

A menudo se asocia a Hécate con el fuego, ya que se la considera una diosa de la transformación y la iluminación. Las velas son una excelente forma de conectar con Hécate y crear una atmósfera sagrada en su honor. Se pueden utilizar de varias formas, como durante la meditación, los rituales o el trabajo con hechizos. Al elegir velas para un altar hecateano, se recomienda utilizar velas negras o rojas, colores asociados a la diosa. También puede utilizar velas blancas, que representan la pureza y la claridad. Puede utilizar otros colores, dependiendo de la intención del ritual o hechizo, como el verde para la abundancia o el azul para la curación.

Antes de utilizar las velas, conságrelas a Hécate. Para ello, sostenga la vela entre las manos y concentre su intención en la diosa. También puede untar la vela con aceites, como el incienso o la mirra, asociados a Hécate. Una vez que la vela está consagrada, está lista para ser utilizada en rituales o hechizos. Cuando se encienden las velas, se suele rezar una oración o invocación a Hécate. Puede ser tan simple como pronunciar su nombre o recitar una invocación más larga. Hay que dejar que las velas se consuman por completo y nunca dejarlas desatendidas. Mientras las velas arden, sirven como recordatorio de la presencia de Hécate y del poder de transformación e iluminación que aporta.

3. Llaves

En la práctica hecateana, las llaves son una herramienta sagrada habitual, ya que simbolizan el papel de Hécate como diosa de la liminalidad y como portadora de la llave de los misterios. Las llaves pueden comprarse o hacerse a mano y suelen exhibirse en el altar. Pueden ser de metal, madera u otros materiales. Para consagrar una llave para su uso en un altar hecateano, comience por limpiarla con agua, sal o incienso para eliminar cualquier energía negativa. A continuación, sostenga la llave entre sus manos y visualice cómo se llena de la energía y el poder de Hécate. También puede rezar una oración o invocación a Hécate, pidiéndole su bendición y protección sobre la llave.

Las llaves se utilizan como símbolo para desvelar los misterios del universo
https://www.pexels.com/photo/two-black-skeleton-keys-on-an-old-paper-612800/

Las llaves pueden utilizarse en diversos rituales y hechizos. Por ejemplo, una llave puede abrir o cerrar un círculo ritual, desvelar simbólicamente los misterios del universo o invocar la guía y protección de Hécate. También pueden utilizarse en prácticas adivinatorias, como la adivinación o las lecturas del tarot, como símbolo para desvelar conocimientos o secretos ocultos. Cuando se utiliza una llave en un ritual o hechizo, es importante centrarse en su intención y pedir la guía y las bendiciones de Hécate. Una vez finalizado el ritual o hechizo, la llave debe devolverse al altar y guardarse en un lugar seguro hasta su próximo uso.

Además de estas herramientas tradicionales, muchas brujas hecateanas modernas utilizan talismanes, hechizos de nudos y otros métodos creativos en sus trabajos mágicos. Estos pueden incluir el uso de cuerdas, amuletos, marcadores y pinturas para crear hechizos y ofrendas personalizados. Las posibilidades son infinitas, y tus herramientas deben ser únicas para su propia práctica y conexión personal con Hécate.

Crear un altar para Hécate puede ser una práctica profundamente personal y gratificante. Recuerde que su altar refleja su devoción y compromiso con Hécate, y que puede evolucionar y cambiar con el tiempo a medida que profundice en su relación con ella. No tenga miedo de experimentar y probar cosas nuevas, y confíe siempre en su intuición a la hora de diseñar su altar. Tanto si acaba de empezar su viaje espiritual como si es un practicante experimentado, construir un altar para Hécate puede ser una forma poderosa de profundizar su conexión con lo divino y acceder al poder transformador de la magia. Así que, ¡adelante, reúna sus herramientas y empiece a crear un espacio sagrado que honre la sabiduría y la magia de Hécate!

Capítulo 7: El Deipnon y otros rituales

La magia de la antigua Grecia estaba profundamente entrelazada con sus creencias religiosas, y sus rituales y tradiciones eran componentes esenciales de su vida cotidiana. Los griegos creían en la existencia de varios dioses y diosas que eran responsables de los diferentes aspectos de la vida. Creían que estas deidades tenían el poder de influir en sus vidas, por lo que intentaban apaciguarlas mediante diversos rituales y ofrendas.

Uno de los rituales más importantes de la magia de la antigua Grecia era el Deipnon, que se celebraba cada mes en la noche de luna nueva. El Deipnon era una forma que tenían los griegos de honrar a la diosa Hécate, soberana del inframundo y diosa de la brujería, la magia y las encrucijadas. Los griegos creían que Hécate tenía el poder de concederles favores, protegerles de los espíritus malignos y guiarles a través de la oscuridad de la noche.

Durante el Deipnon, se hacían ofrendas a Hécate y a otros dioses y diosas, como Zeus, Apolo y Hermes. Las ofrendas incluían libaciones, pasteles e incienso, que se dejaban fuera o sobre un altar. Los griegos creían que haciendo estas ofrendas se ganarían el favor de los dioses y recibirían sus bendiciones.

El Deipnon era solo uno de los muchos rituales que formaban parte esencial del calendario religioso griego. Los griegos celebraban diversas fiestas y celebraciones a lo largo del año, muchas de ellas relacionadas con las estaciones y el ciclo agrícola. Por ejemplo, la Noumenia era una celebración mensual que tenía lugar el primer día de luna nueva y servía a los griegos para honrar al dios Apolo y pedirle su bendición.

Otro ritual importante era la bendición del hogar, que se celebraba anualmente para purificar la casa y alejar a los malos espíritus. Los griegos creían que realizando este ritual garantizarían la seguridad y prosperidad de su hogar.

El ritual de la encrucijada también era una parte esencial de la magia de la antigua Grecia. Los griegos creían que las encrucijadas eran un lugar donde se cruzaban los mundos físico y espiritual; por lo tanto, era un lugar de gran poder. El ritual de la encrucijada se realizaba para invocar la ayuda de Hécate y otras deidades en asuntos relacionados con la magia y la adivinación.

La magia de la antigua Grecia era rica en tradiciones rituales y supersticiones, y el Deipnon era solo uno de los muchos rituales importantes que se realizaban para honrar a los dioses y buscar su favor. Estos rituales y creencias estaban profundamente entrelazados con el calendario religioso griego y eran esenciales para su vida cotidiana.

Rituales de Hécate

Los rituales de protección de Hécate están impregnados de misticismo y antiguas prácticas religiosas, y aunque los detalles pueden haber cambiado con el tiempo, el núcleo sigue siendo el mismo. Los rituales de protección de Hécate están diseñados para alejar el mal y las energías negativas, al tiempo que atraen la energía positiva y las bendiciones a su vida. Estos rituales suelen consistir en quemar incienso, invocar la presencia de la diosa y hacerle ofrendas. Aunque algunos de estos rituales pueden ser complejos y requerir mucha preparación, otros son relativamente sencillos y directos. Independientemente de la complejidad del ritual, los rituales de protección de Hécate ofrecen una poderosa forma de protegerse a sí mismo, a su hogar y a sus seres queridos. Alejan las energías negativas al tiempo que atraen la energía positiva y las bendiciones a su vida. Además, honrar o invocar a Hécate implica cualidades meditativas que aportan paz y armonía y crean una sensación de seguridad y protección. Los rituales pueden incluso protegerle de cualquier daño y darle fuerzas para afrontar los retos de la vida. También pueden crear una atmósfera más armoniosa y pacífica en su hogar y en sus relaciones.

El Deipnon de Hécate

El ritual Deipnon de Hécate es una misteriosa y poderosa ceremonia envuelta en mitos y especulaciones. Aunque se desconocen los detalles exactos de la ceremonia, lo que sí se sabe es que se trataba de una ofrenda mensual a Hécate, realizada en la noche de luna nueva. Se ha relacionado con numerosas prácticas espirituales y mágicas. Aunque se desconocen los detalles exactos del ritual, los estudiosos han podido reconstruir algunos símbolos y significados asociados a él. La mayor parte del ritual consiste en ofrendas y oraciones destinadas a honrar a la diosa y aplacar su ira. Es una práctica que aún llevan a cabo hoy en día los devotos que buscan desvelar los misterios de este antiguo ritual y acceder al poder y la protección de Hécate.

Prácticas históricas

El ritual se realizaba en una encrucijada, ya que se consideraba sagrada para Hécate y representaba el punto entre el mundo físico y el espiritual. Otros lugares podían ser un altar o un punto de encuentro entre el aire, el agua y la tierra, como un puente o una roca saliente. El ritual se celebraba en la noche más oscura del año, normalmente hacia el final del mes lunar, que se consideraba un momento de renovación y renacimiento, e incluía ofrendas de comida y bebida a la diosa. Los participantes en el ritual solían encender una vela y ofrecer oraciones y regalos a Hécate. El ritual se realizaba en solitario o con un grupo de personas afines y solía ir acompañado de adivinación, con el fin de buscar la guía y protección divinas. Se creía que traía buena suerte y protección al participante y a su familia. El ritual consta de tres partes diferentes.

- La primera parte era una comida consistente en alimentos para la familia y como ofrenda. Normalmente, se realizaba en un cruce de caminos para honrar a la diosa y agradecerle su protección y guía.
- La segunda parte del ritual era la expiación. Consistía en el sacrificio de un animal, como una cabra o un perro, para invocar la benevolencia de Hécate.
- La tercera parte del ritual era la purificación, que se realizaba para limpiar la casa y alejar las energías negativas. Para ello se quemaba incienso, se recitaban oraciones y se rociaba agua bendita.

La comida era el punto central del ritual, en el que se ofrecían diversos platos, como frutas, verduras y cereales, en señal de respeto. La familia probaba algunos bocados y ofrecía el resto a los dioses en señal de respeto. Una comida típica de Deipnon solía consistir en ofrendas de pescado, miel y sésamo colocadas en el hogar de la casa. La comida también se compartía con quienes no formaban parte de la familia, incluidos mendigos y pobres, para conmemorar la generosidad de la diosa.

Las tres partes de este ritual eran importantes para honrar a la diosa y recibir sus bendiciones, y constituían un momento de reflexión y contemplación. Un momento para reflexionar sobre el propio viaje espiritual y para pedir la guía y la perspicacia de Hécate. También era una oportunidad para desprenderse de cualquier dolor, sufrimiento o emoción negativa y comprometerse a vivir una vida de integridad y crecimiento espiritual.

Prácticas modernas

Hoy en día, el ritual del Deipnon se practica a menudo para recordar y honrar a los familiares que han fallecido. La gente se reúne con familiares y amigos para compartir recuerdos e historias del fallecido, compartir una comida y encender velas en su memoria. La comida suele incluir pan y sal, que simbolizan la hospitalidad y la protección. En algunas culturas, la gente puede incluir una porción de la comida que el difunto disfrutó como una forma de honrarlo.

Además, la gente suele compartir historias y recuerdos del fallecido, lo que permite a los demás recordar y honrar su vida. Esta puede ser una experiencia muy poderosa y significativa para aquellos que están de luto. Se encienden velas en honor del fallecido, cada una de las cuales representa un aspecto diferente de su vida. Puede tratarse de su espíritu, su valor, su alegría o cualquier otra cualidad que fuera especial para él. Una vez encendidas las velas, el ritual del Deipnon termina con unos momentos de silencio para reflexionar y recordar a la persona fallecida.

El Deipnon también se celebra de diferentes maneras. Algunas personas pueden reunirse en un espacio físico para comer y ofrecer oraciones, mientras que otras pueden hacerlo en su propia casa o incluso por internet. En cualquier caso, la intención es honrar y rendir tributo a los dioses y diosas. También es importante señalar que el Deipnon no se limita a una sola religión o cultura. Personas de muchas religiones y culturas diferentes observan el Deipnon a su manera, adaptándolo a sus propias prácticas.

Ritual de la Noumenia (luna nueva)

A diferencia del Deipnon, que se celebraba el último día del mes, el ritual de la Noumenia se celebraba con gran entusiasmo el primer día del nuevo mes. Su objetivo era atraer a los participantes a la buena suerte, la protección y la prosperidad. Era una combinación de prácticas mágicas y observancias religiosas y se creía que era muy poderoso. El ritual de la Noumenia, una poderosa forma de adivinación, se basaba en los movimientos de las estrellas y los planetas. Los participantes estudiaban el cielo para determinar los momentos más propicios para realizar el ritual. Se creía que los dioses observaban el ritual e intervenían para garantizar su éxito.

Prácticas históricas

El ritual solía celebrarse en un templo, en casa frente a santuarios o al aire libre bajo el resplandor de la luna, donde las sacerdotisas lo llevaban a cabo con ofrendas de grano, frutas y flores. Tras el ritual, los participantes disfrutaban de un banquete e intercambiaban buenos deseos y muestras de agradecimiento. Durante el ritual, los participantes también hacían ofrendas y recitaban oraciones a los dioses y diosas como muestra de su devoción. También se creía que el ritual podía alejar la mala suerte y los malos espíritus. Los participantes quemaban incienso especial, recitaban oraciones y hacían ofrendas especiales a los dioses para protegerse de cualquier daño.

Prácticas modernas

En los tiempos modernos, este ritual se ha convertido en una forma única de conectar con lo divino y observar la naturaleza cíclica del universo. Es un momento de renovación, reflexión y conexión con el reino espiritual. La práctica contemporánea de la Noumenia implica reservar un tiempo para conectar con lo divino, expresar gratitud y centrarse en lo que uno quiere manifestar en el mes siguiente. Es un momento para hacer balance del mes anterior y planificar el siguiente. Es una oportunidad para convertir en ritual las prácticas tradicionales de fijar intenciones, liberarse de todo lo que ya no sirve y cultivar un sentimiento de gratitud por el momento presente. Normalmente, la Noumenia se celebra creando un espacio sagrado, encendiendo una vela y conectando con lo divino a través de la oración, la meditación o la escritura. También se pueden hacer ofrendas a la deidad elegida, como comida, incienso o flores. Es un momento para expresar gratitud por todo lo que se ha recibido y para liberarse de cualquier negatividad experimentada en el mes anterior.

Ritual de bendición del hogar

El ritual de la bendición del hogar de Hécate es una excelente forma de atraer energía positiva y bendiciones a su hogar. Este antiguo ritual utiliza el poder de la diosa Hécate para traer protección y bendiciones a su hogar y a sus habitantes. El ritual en sí es simple y directo.

1. Comience encendiendo una vela blanca y colocándola en el centro de la habitación.
2. Visualice la luz blanca de la vela irradiando por toda la habitación.
3. Mientras lo hace, rece una oración a Hécate (cualquier cosa que considere apropiada), pidiéndole que traiga su poder a su casa.
4. Después, esparza un poco de sal marina por la habitación, diciendo: *"Que la protección de Hécate rodee esta habitación"*.
5. A continuación, encienda incienso y diga: *"Hécate, bendice mi hogar con tu protección y tus bendiciones"*.
6. Deje que el incienso arda durante unos minutos y luego apáguelo.
7. Por último, tome un poco de aceite esencial y úntese diciendo: *"Hécate, concédeme protección y bendiciones"*. También puede ungir las puertas y ventanas de su casa.

Ritual de encrucijada (transición/nuevos comienzos)

Los momentos difíciles pueden ser un verdadero reto para muchos de nosotros, y es durante estos momentos cuando la encrucijada de Hécate puede ser una verdadera fuente de fuerza y guía. Hécate es la diosa de las encrucijadas. Ella posee la llave, la llama y la rueda, lo que le permite proporcionar perspicacia y dirección a aquellos que la buscan. La clave de la encrucijada de Hécate es desbloquear el potencial que llevamos dentro. Utilice esta llave para desbloquear sus deseos y sueños más profundos y explorar las posibilidades. La llama de la encrucijada de Hécate es la chispa de inspiración que le ayuda a mantenerse centrado y motivado en los momentos difíciles. Puede utilizar esta llama para encender su pasión y mantener el rumbo. La rueda de la encrucijada de Hécate sirve para recordar que la vida está llena de ciclos y que, por muy duras que parezcan las cosas en este momento, acabarán llegando a su fin.

Prácticas históricas

El ritual de la encrucijada de Hécate es una antigua forma de brujería que ha existido durante siglos. Se cree que es una poderosa forma de magia que puede cambiar significativamente la vida de una persona. Este ritual se realiza normalmente en una encrucijada, que se considera un lugar de transición, transformación y nuevos comienzos. El practicante construye un altar improvisado en la encrucijada, sobre el que coloca ofrendas como monedas, comida, incienso y velas. Tras realizar estas ofrendas, el practicante invoca a Hécate y recita una invocación u oración. A continuación, se realizan una serie de conjuros o cánticos para obtener el resultado deseado. Tras el ritual, el practicante abandona la encrucijada dejando las ofrendas, a veces enterradas en la tierra, como agradecimiento a Hécate. Se creía que esta práctica traía suerte, éxito y protección contra cualquier energía negativa que se encontrara durante la transición o el nuevo comienzo. Se cree que el ritual de la encrucijada de Hécate es increíblemente poderoso y debe utilizarse con precaución.

Prácticas modernas

El ritual de la encrucijada de Hécate se sigue practicando hoy en día, aunque ha evolucionado con el tiempo. Algunos practicantes optan por utilizar símbolos modernos para honrar a Hécate, como una vela o incienso, y el ritual puede adaptarse para ajustarse a cualquier necesidad personal. Independientemente de cómo o dónde se lleve a cabo el ritual, se sigue considerando una forma eficaz de honrar a Hécate y marcar una transición para facilitar nuevos comienzos. Los rituales modernos consisten en situarse en cualquier cruce de caminos, normalmente a medianoche, y llamar a la diosa Hécate tres veces. Se pueden hacer ofrendas como comida, vino, incienso o monedas para ayudar a establecer la intención del ritual. Una vez realizadas las ofrendas, se debe meditar y expresar el deseo de transición a Hécate. Después de la meditación, es importante agradecer a la diosa por su tiempo y guía. Con la finalización de este ritual, uno debe tener la energía y la claridad para hacer los cambios necesarios para un cambio exitoso y próspero.

Ritual de protección (fantasmas/demonios/ataques psíquicos)

El siguiente ritual de protección de Hécate está diseñado para alejar las energías negativas y traer protección y bendiciones a su vida. Puede utilizarlo para alejar cualquier cosa que crea que trae mala energía a su vida.

Preparación

Antes de realizar un ritual de protección de Hécate, es importante prepararse para el ritual. Esto incluye limpiar y purificar el altar, reunir las herramientas y objetos necesarios y crear un espacio sagrado.

1. Cree un espacio sagrado. Para ello, encienda velas, queme incienso y monte un altar. El altar debe estar decorado con símbolos de Hécate, como una luna creciente o la estatua de una diosa triple.
2. Limpie y purifique el altar. Puede hacerlo con salvia u otras hierbas o con sal y agua para limpiar la zona. Esto elimina cualquier energía negativa que pueda estar presente y crea un espacio pacífico y sagrado.
3. Recoja las herramientas y los objetos necesarios. Esto puede incluir velas, incienso, hierbas, cristales y cuencos para ofrendas. También es importante crear una ofrenda para Hécate, como un pequeño plato de miel, leche o cualquier otro regalo que consideres apropiado.

Rituales de protección para Hécate

El siguiente ritual de protección de Hécate está diseñado para alejar las energías negativas y traer protección y bendiciones a su vida.

1. En primer lugar, encienda una vela blanca y colóquela en el altar.
2. A continuación, encienda un poco de incienso y colóquelo también en el altar.
3. Mientras quema el incienso, recite la siguiente invocación: *"Hécate, diosa de la noche, protégeme de todo lo que no está bien. Aleja todo mal, daño y contienda, y trae protección a mi vida"*.

Para la protección del hogar y la familia, recite lo siguiente: *"Hécate, diosa de la noche, protege mi hogar y a mi familia de todo lo que no está bien. Aleja todo mal, daño y contienda, y trae protección y paz a nuestras vidas".*

4. A continuación, espolvoree sal a su alrededor y alrededor del altar para crear un círculo de protección.

5. A continuación, esparza algunas hierbas secas alrededor del altar, como romero o lavanda. Mientras lo hace, recite lo siguiente: *"Hécate, diosa de la noche, protégeme y guárdame de todo lo que no está bien. Bendíceme con protección y paz mental y trae bendiciones a mi vida".*

6. Por último, haga una ofrenda a Hécate. Puede ser un pequeño plato de miel o leche, unas monedas u otras ofrendas. Mientras lo hace, recite lo siguiente: *"Hécate, diosa de la noche, acepta esta ofrenda como muestra de mi gratitud. Le agradezco su protección y bendiciones y por mantenerme a salvo de todo lo que no está bien".*

Para los juicios de protección para el hogar y la familia, recite lo siguiente: *"Hécate, diosa de la noche, acepta esta ofrenda como muestra de mi gratitud. Te agradezco tu protección y bendiciones y que nos mantengas a salvo de todo lo que no está bien".*

7. Después de completar el ritual, deje que la vela y el incienso ardan hasta que se apaguen.

Estos rituales suelen realizarse en la oscuridad de la noche, ya que es cuando se dice que la diosa es más poderosa.

Como diosa de la brujería, las encrucijadas y el inframundo, Hécate ha sido venerada de muchas formas y maneras a lo largo de los siglos. Los rituales de Hécate suelen centrarse en honrar a la diosa y sus cualidades y en obtener su favor y protección. Estos rituales suelen incluir ofrendas de comida, incienso y otros objetos sagrados para ella. Estas ofrendas pueden colocarse en cruces de caminos y otros lugares donde se dice que habita la diosa. Además, algunos practicantes realizan invocaciones y conjuros para honrar a la diosa, y algunos incluso le hacen sacrificios de animales. Los rituales de Hécate suelen celebrarse la noche de luna nueva, ya que se dice que es el momento en que la diosa es más fuerte y poderosa. Sea cual sea el ritual, el tema principal es siempre la reverencia y el respeto por la diosa y su tremendo poder.

Capítulo 8: Hechizos hecateanos

Este capítulo contiene hechizos que incluyen oraciones a Hécate, hierbas, plantas y aceites hecateanos, sus símbolos y cualquier otra cosa que pueda asociarse con ella. Puede utilizar estas herramientas para recurrir al poder de Hécate para proteger su hogar, a sus seres queridos y a usted mismo, obtener consejo en situaciones difíciles o guía a través de encrucijadas.

Bolsa del mojo de Hécate

Crear una bolsa de mojo de Hécate es una de las formas más fáciles de aprovechar los poderes protectores de la diosa y combinarlos con su propio poder. Una vez hecha su bolsa, puede llevarla o colocarla donde quiera. Por ejemplo, puede meterla en el bolso o en el bolsillo y llevarla allá donde vaya. Cada vez que sienta la necesidad de un pequeño impulso de energía protectora, puede sacar la bolsa y le recordará la protección que tiene. Prepare esta bolsita por la noche, preferiblemente alrededor de la luna llena.

Ingredientes:
- Una bolsa pequeña de malla
- Un trozo de cinta
- Pequeños objetos recogidos en los cruces de caminos
- Una obsidiana
- Una piedra lunar

- Lavanda, diente de león y cardamomo (preferiblemente secos y sueltos)
- Una vela morada

Instrucciones:
1. Prepare su altar y sus herramientas limpiándolos con su incienso favorito. Esto también le ayudará a limpiar su energía.
2. Encienda la vela, coloque todos los ingredientes en la bolsa de malla y ciérrela con la cinta.
3. Mantenga la bolsa en sus manos durante 10 minutos para imbuirla de su energía. Mientras carga la bolsa, puede invocar a Hécate y pedirle que le añada su poder. Diga esto cuando invoque a Hécate:

   "Hécate, tú que estás a ambos lados y en medio,
   Tú que resides en la encrucijada, que guardas el umbral,
   te imploro que me protejas.
   Concédeme un paso seguro mientras navego por la vida.
   Protégeme en cada nuevo espacio y de los espíritus negativos
   Protégeme de las fuerzas que acechan en los espacios intermedios
   Hécate, escucha mi plegaria".

4. Cuando se sienta preparado, apague la vela y coloque la bolsita donde vaya a utilizarla. De vez en cuando, tendrá que recargarla con su energía y la de la diosa para mantener sus poderes.

Mezcla de aceites esenciales de Hécate

Esta mezcla de aceites esenciales puede utilizarse para varios fines, como la protección, la comunicación espiritual y la limpieza de caminos. Puede aplicarla a velas y otros objetos que desee infundir con el poder de la diosa o utilizarla en hechizos cuando trabaje con Hécate. Prepare la mezcla de aceites la noche de luna llena y déjela cargar hasta la fase oscura de la luna.

Ingredientes:
- Amapola
- Lavanda
- Mayapple

- Artemisa
- Tierra de un cruce
- Ajo
- Pelo de perro (preferiblemente negro)
- Una botella
- Aceite de oliva o de nuez

Instrucciones:

1. Bajo la luna llena (en el exterior o cerca de una ventana), mezcle todos los ingredientes (excepto el aceite).
2. Vierta la mezcla en una botella y rellene el espacio sobrante con el aceite.
3. Deje la botella en el exterior o en el alféizar de la ventana para que se impregne de la luz de la luna y de la energía de la diosa.
4. Cuando esté cargada, llévala a su altar y déjala allí hasta la luna oscura. Agítela de vez en cuando para impregnarla de su energía.

Mezcla para la protección del hogar

Con esta mezcla de hierbas, puede invocar el poder de Hécate como protectora, ahuyentadora de fuerzas hostiles y protectora de encrucijadas y umbrales. Utilice hierbas asociadas con la diosa y sales que también contribuyen a la protección de su hogar. Puede espolvorearlas cerca de ventanas y puertas o en un santuario umbral que proteja su casa de dentro a fuera. Para ello solo tendrá que colocar la imagen o los símbolos de la diosa en un estante cerca de las entradas. Si opta por este método, deje también pequeñas ofrendas (aunque solo pueda ofrecer mensajes espirituales).

Ingredientes:

- Una pizca de polvo de amapola para confundir a los espíritus maliciosos
- Una pizca de ajo en polvo para proteger
- Una pizca de salvia blanca en polvo para la buena suerte
- Un puñado de tierra de la encrucijada o polvo de ladrillo
- Un disco de carbón vegetal
- La representación de la diosa
- Una vela morada

Instrucciones:
1. Mezcle las hierbas en un cuenco pequeño. Utilice un poco de sus hierbas (junto con los aceites esenciales) para ungir la vela morada. Esto añade otra capa de protección a su hogar. Al hacerlo, diga lo siguiente:

   "Hécate, enciendo esta vela en tu honor.

   Así como su llama arde brillante, que tus antorchas ardan y me guíen eternamente.

   Te pido que mires a mi hogar, ya que soy tu devoto seguidor.

   Concédeme este favor y protege mi hogar de daños y desgracias".

2. Vierta un poco de las mezclas de hierbas secas en el disco de carbón y quémelo mientras recita la siguiente oración:

   "Diosa Hécate, te invoco mientras quemo estas hierbas para ti.

   Te pido que las bendigas, ya que proceden de tu jardín sagrado.

   Préstales tu protección y concédeme tu bendición.

   Te imploro que imbuyas al resto de las hierbas con la resistencia suficiente para proteger mi hogar".

3. Mezcle las hierbas con la tierra o el polvo de ladrillo. Deje que la vela morada se consuma por completo, pero no la deje desatendida. Puede hacer esto a lo largo de varias noches durante la fase oscura de la luna.

4. Cuando la vela se haya derretido por completo, recoja la cera y guárdela en una bolsita. Puede utilizarla como amuleto colgándola cerca de la entrada, junto al pequeño altar de la estantería. También puede enterrar la bolsita fuera de su casa, en su propiedad.

5. Ofrezca ofrendas a la diosa en su altar. Después, lleve las hierbas al altar de la entrada de su casa y espolvoréelas por los umbrales. O bien, espárzalas por todos los puntos de entrada (incluidas todas las ventanas y puertas). Al hacer esto, hable a Hécate con la siguiente oración:

   "Hécate, mientras estoy ante este umbral, pongo estas hierbas ante ti y te pido tu guía y protección.

   Por favor, protege mi hogar y a los que viven en él.

   Que todas las energías negativas se mantengan alejadas y que tu poder bendiga este lugar.

Que mis entradas estén siempre protegidas por ti,

y que nunca dejes de protegerme de las influencias maliciosas.

Hécate, aleja cualquier desgracia y vela por mí como tu devoto seguidor.

Concédeme este favor para que pueda tener un refugio seguro".

6. Ahora, tendrá una poderosa barrera significativa protegiendo su hogar y a los que viven allí.
7. Puede repetir el hechizo regularmente según sea necesario, aunque algunos recomiendan hacerlo una vez al año. Sin embargo, recargar de vez en cuando su mezcla de hierbas le permitirá mantener la protección durante más tiempo sin necesidad de repetirlo.
8. Cada vez que cruce la entrada, rece una rápida oración de agradecimiento a Hécate. Si tiene un pequeño altar cerca de la entrada principal, hágalo allí. Con cada palabra de gratitud, está construyendo su conexión con la diosa, y ella estará más inclinada a ayudarle.

Hechizo del portador de llaves

Usando llaves viejas como amuletos protectores, puede recurrir al poder de Hécate para encontrar guía y protección, abrir nuevos caminos o obtener respuestas a sus preguntas. Por ejemplo, supongamos que pone una llave bajo su almohada después de este hechizo de portador de llaves. En ese caso, puede comunicarse con Hécate en sus sueños. Puede colgar las llaves sobre su altar, ponerlas encima, o llevarlas en un collar como amuleto de buena suerte. También puede utilizar hechizos diseñados para encontrar un objeto perdido o desbloquear secretos y encerrar su casa en una capa protectora.

Ingredientes:
- Una llave
- Una caja pequeña con pestillo
- Una vela negra
- Otras velas asociadas a su intención
- Romero, salvia y lavanda secos y sueltos
- Papel y bolígrafo
- Incienso de su elección

Instrucciones:

1. Recoja sus suministros durante una fase de luna creciente o llena; esta última le proporcionará toda la potencia.
2. Purifique su espacio y sus herramientas sahumandolas, colocándolas en sal, o cualquier método de limpieza que prefiera.
3. Encienda las velas asociadas a su propósito y el incienso, y apague cualquier luz artificial.
4. Encienda la vela negra y diga:

   "Invoco a Hécate, la portadora de la llave, para que llene la llama de esta vela con su sabiduría ancestral y su esencia mágica.
   Que potencie mi hechizo de protección".
5. Tome un trozo de papel y escriba su intención clara (centrándose en lo que desea proteger, desbloquear u ocultar) y el papel varias veces hacia usted.
6. Coloque el papel en la caja y espolvoree las hierbas por encima mientras pide a cada una que active sus poderes. Cierre la caja y visualice cómo manifiesta su intención. Por ejemplo, si quiere desvelar secretos en sueños, imagínese tumbado en la cama y hablando con Hécate en sueños.
7. Tome la llave y, sosteniéndola sobre la llama de la vela, diga:

   "Que esta llave aleje el mal y las influencias negativas".
   Llevo la llave ahora, y abriré su poder".
8. Coloque la llave bajo la almohada para encontrar respuestas en sus sueños. Acuéstate y espera las respuestas. Cuando las reciba, escríbalas en cuanto se despierte.
9. Puede abrir la caja y liberar el hechizo cuando obtenga sus respuestas.

Rejilla de cristal de strophalos

Las rejillas de cristal son excelentes para concentrar y combinar las fuerzas de las piedras individuales. El uso de una rejilla de cristal de estrofalos le permite aprovechar el poder de Hécate para proteger su hogar. Puede colocarlo cerca de una ventana y canalizar su energía hacia el exterior de la casa con la ayuda de la diosa. Se recomienda hacerlo durante la fase más oscura de la luna, cuando el poder liminal de la luna es más fuerte. De este modo, la rejilla protegerá su casa de todos los espíritus: de este mundo, del inframundo y de los que residen en medio.

Ingredientes:

- Un strophalos (estera cuadriculada de la rueda de Hécate; puede dibujar una cuadrícula en un trozo de tela por su cuenta o comprar una ya hecha)
- Piedras asociadas con Hécate (jade, obsidiana, rubí, zafiro, perla, jaspe, piedra lunar)
- Otras piedras que le atraigan
- Un cuenco grande
- Velas

Instrucciones:

1. Empiece limpiando y cargando las piedras. La forma más eficaz de hacerlo es colocarlas en un cuenco y dejarlas en el alféizar de una ventana al menos una noche durante la fase menguante de la luna.

2. Establezca sus intenciones visualizando, escribiendo en un diario o concentrándose en su deseo. Utilice el tiempo presente y un tono positivo. Por ejemplo, en lugar de decir: "*No quiero que mi casa esté indefensa*", diga: "*Mi casa está protegida*".

3. Limpie de desorden el lugar donde desea guardar su rejilla y utilice el sahumerio para desterrar las energías nocivas. Lleve lentamente su sahumerio por toda la casa para asegurarse de que la energía negativa se elimina de todos los rincones.

4. Coloque la tela con la rejilla en el espacio designado. Concentrándose en su intención, comience a colocar los cristales alrededor del patrón. Mantenga cada piedra en sus manos durante unos segundos para infundirles su energía.

5. Si tiene problemas para concentrarse, comience colocando el primer cristal en el centro para centrarse usted y la energía de los cristales. Este primer cristal debe corresponder al propósito fundamental de su rejilla. Para la protección de Hécate, coloque obsidiana en el centro. Si coloca un trozo de papel con su intención o un símbolo pegado a él, también ayudará a centrar la energía de la rejilla.

6. Coloque los cristales restantes alrededor del medio. Cuando haya terminado, pase a cargar su rejilla. Puede hacerlo meditando sobre su intención o a través de cualquier otro medio que le ayude a conectar con sus herramientas mágicas.
7. Una vez fijadas sus intenciones, puede desmontar la rejilla o dejarla tal cual hasta que empiece a ver los efectos. Si la conserva, asegúrese de volver a visitarla cada noche y rezar una oración a Hécate.

Colgante de strophalos

Este colgante tiene uno de los antiguos símbolos asociados a la diosa: La rueda de Hécate. También llamado el símbolo de la diosa triple, esta herramienta puede ser un poderoso aliado para la protección psíquica. Al cargarla, puede potenciarla con la energía de Hécate, mientras que al llevarla puesta se asegurará de que los amuletos permanezcan en contacto con su energía. Si siente que está siendo influenciado por una energía psíquica negativa, toque su colgante para recordarse a sí mismo que tiene el poder de alejar las influencias negativas.

Ingredientes:
- Un collar con un colgante que representa la rueda de Hécate
- Sal en un cuenco pequeño
- Incienso
- 1 Piedra lunar
- 1 Obsidiana
- Jaspe
- Una vela negra
- Representaciones de la diosa, como llaves, símbolos de sus animales o de la muerte

Instrucciones:
1. Coloque los ingredientes en su altar al anochecer, durante la fase de luna llena. Mantenga su ventana abierta para que entre la luz de la luna.
2. Coloque el colgante y el collar en el cuenco de sal. Puede poner el alféizar bajo la luz de la luna durante unos minutos para cargarlo con el poder de la diosa.

3. Para obtener los mejores resultados, prepárese tomando un baño de limpieza mientras sus joyas se limpian y se cargan.
4. Cuando termine el baño, encienda la vela y colóquela en el centro del altar. Coloque la representación de la diosa junto a la vela.
5. Coloque las tres piedras delante de usted en el altar formando un semicírculo. Saque las joyas del cuenco y colóquelas delante de las piedras.
6. Invoque a Hécate con la siguiente oración:

   "Hécate, ¡te pido que escuches mis plegarias!

   Te invoco para que me protejas de los espíritus malignos.

   Escúdame de aquellos que no descansan, sino que vagan por el mundo, queriendo causar daño.

   Tú que gobiernas a esos espíritus menos que dios, por favor retíralos de mi presencia.

   Hécate, guardiana de la puerta de la encrucijada, ¡protege mi psique de las energías negativas y destierra la malevolencia de mi presencia!".
7. Tome el amuleto en sus manos y sienta su energía cálida y protectora. Colóquelo alrededor de su cuello y llévelo para permanecer protegido de las energías espirituales malévolas.

Hechizo de camino abierto de Hécate

Este hechizo puede invocar a Hécate, ya sea que quiera trabajar con ella como la portadora de la antorcha, la guardiana de las llaves. Puede usarlo para limpiar su camino de influencias negativas, descubrir nuevas oportunidades, o encontrar el camino hacia una vida exitosa. El hechizo incorpora varios elementos asociados con Hécate, incluyendo hierbas y símbolos de los animales.

Ingredientes:
- Llaves y otros símbolos de Hécate
- 3 velas naranjas
- Aceite esencial de lavanda
- Una mezcla de salvia, canela, lavanda, raíz de diente de león e incienso
- Suciedad de una encrucijada

- Incienso de su elección (la salvia es la mejor para la limpieza y la protección)
- Ofrendas para Hécate (comida, arte o lo que desees regalar)

Instrucciones:

1. Por la noche, durante la fase más oscura de la luna, prepare sus herramientas colocándolas en su altar. Comience adornando el espacio con los símbolos que utiliza para representar a la diosa (menos una llave).
2. Encienda su incienso y concéntrese en su intención.
3. Inunde las tres velas con aceite esencial de lavanda y la mezcla de hierbas. Las hierbas sagradas de Hécate le proporcionarán guía, limpieza y éxito en su búsqueda mágica.
4. Coloque las velas en el centro del altar formando un triángulo invertido. Espolvoree la tierra de la encrucijada y más hierbas sueltas alrededor de las velas. Al espolvorear las hierbas, haga una línea entre cada vela.
5. Coloque una llave entre las tres velas y haga una ofrenda a la diosa. A continuación, empiece a recitar la siguiente oración mientras enciende la primera vela:

   "Hécate, guardiana de las encrucijadas, te busco.

   Te pido que abras mis caminos y los limpies de bloqueos energéticos, desgracias

   y todo aquello que me desvíe de mi camino".
6. Encienda la segunda vela y cante:

   "Hécate, ilumina con tus brillantes luces mi camino hacia la prosperidad.

   Portadora de la antorcha, aléjame de los caminos equivocados.

   Que tus llamas ardan eternamente e iluminen mi camino hacia el éxito".
7. Encendiendo la tercera vela, diga:

   "Guardiana de las llaves, abre las puertas a un viaje que conduzca a nuevas oportunidades y a la victoria.

   Hécate, te pido que me bendigas con la suerte, la buena fortuna y la llave del triunfo.

Tú que te encuentras en todas las encrucijadas, ayúdame a evitar las puertas cerradas".

8. Respire hondo, siéntese y continúe con su oración:

    "Hécate, patrona de todas las brujas, escucha mis plegarias. Mientras enciendo estas velas, que su llama me otorgue un poder tan potente como el fuego de tus antorchas.

    Despeja mis caminos en este viaje, y muéstrame la forma de desbloquear las mejores oportunidades. Diosa Hécate, te imploro que potencies este hechizo con toda tu esencia divina".

9. Deje que la vela se consuma del todo, pero no las deje desatendidas. Puede volver a encenderlas tantas veces como tarden en consumirse. Cuando termine, deseche la cera en un cruce de caminos.

10. Lleve la llave del hechizo como amuleto. Cuando reciba la bendición que pidió, haga otra ofrenda para expresar su gratitud a Hécate.

Capítulo 9: Adivinación con Hécate

La adivinación es la práctica de predecir el futuro interpretando signos, presagios y mensajes de la naturaleza. Es una forma antigua de adivinación que se ha utilizado a lo largo de la historia para buscar información sobre las relaciones, las finanzas, la salud y mucho más. La adivinación sirve a las personas para comprender lo que les espera en el futuro o para recibir orientación sobre su situación actual o el curso de sus acciones.

Esta práctica puede ayudarle a dar sentido a su vida y a obtener claridad sobre lo que le puede deparar el futuro. Buscar orientación en las prácticas adivinatorias puede aumentar su conocimiento y comprensión de los acontecimientos pasados, permitiéndole planificar el futuro con mayor perspicacia. Al recurrir a esta guía, también puede adquirir una mayor conciencia de sí mismo y estar más atento a cualquier energía o situación que pueda estar obstaculizando su progreso.

Además, la adivinación le permite comprenderse mejor a sí mismo y le revela sus dones y talentos ocultos. También proporciona acceso a conocimientos espirituales que pueden no estar fácilmente disponibles a través de otros medios. Tomar decisiones basadas en un nivel de comprensión superior al instinto le permite acceder a su sabiduría interior, que puede guiarle sobre la mejor manera de responder cuando se enfrenta a situaciones difíciles. Además, las prácticas adivinatorias pueden guiarle para dar los pasos necesarios para el crecimiento personal, permitiéndole así alcanzar sus objetivos más rápida y eficazmente.

El uso de la adivinación puede fomentar una conexión más profunda entre usted y lo divino, revelando verdades más profundas sobre usted mismo y ofreciendo consejos prácticos para la vida diaria que promueven el bienestar físico y el equilibrio emocional. A través de estas lecturas, puede comprenderse mejor a sí mismo en un nivel más profundo, dejando espacio para un cambio significativo en su vida.

El papel de la diosa Hécate en la adivinación

La diosa Hécate ha estado asociada durante mucho tiempo con la adivinación y la profecía. En la antigua mitología griega, Hécate era representada a menudo como una poderosa diosa del conocimiento sobrenatural, que unía el mundo mortal con los reinos divinos. Era la diosa de las encrucijadas, y su presencia en esos lugares le permitía ser vista como portadora de mensajes del futuro. También se la asocia con la magia negra y la nigromancia, lo que la convierte en una figura ideal para los rituales de adivinación.

En muchas culturas, Hécate es vista como guardiana de las puertas entre los mundos, y esta conexión con los viajes hace que sea fácil ver cómo se vinculó a la adivinación. Por ejemplo, las cartas del tarot son herramientas que Hécate utilizaba para viajar por el espacio y el tiempo, lo que le permitía comunicarse más eficazmente con los mortales en el presente. Estas cartas permiten acceder a acontecimientos pasados u obtener información sobre sucesos futuros. Además, Hécate se asocia a menudo con la astrología y los ciclos lunares. Los antiguos griegos la consultaban antes de embarcarse en un viaje o tomar decisiones importantes en la vida, ya que se creía que les ofrecía una visión de lo que les esperaba.

La asociación de Hécate con la nigromancia también está relacionada con la adivinación. La comunicación con los muertos puede proporcionar información sobre lo desconocido en el mundo de los vivos. Esto puede adoptar muchas formas. Se podía recurrir a médiums o videntes especializados en interpretar señales del más allá, consultar textos ocultistas para obtener consejos sobre la vida y la muerte, o incluso entrar en estados de trance en los que se podían revelar visiones del más allá. Todos estos métodos combinados (cartas del tarot, astrología/ciclos lunares y nigromancia) permitían a Hécate proporcionar a los devotos que buscaban conocimiento, tanto mundano como espiritual, una forma de acceder a capas más profundas de conocimiento que les permitían tomar decisiones informadas basadas en un enfoque más holístico que basarse únicamente en pruebas físicas.

Artes adivinatorias asociadas con Hécate

1. La bola de cristal

Es una antigua forma de adivinación que consiste en mirar dentro de un objeto en forma de orbe, como una bola de cristal o una superficie reflectante, para recibir ideas y mensajes del reino espiritual. Se cree que esta práctica tiene siglos de antigüedad y ha sido utilizada con frecuencia por místicos y videntes para invocar visiones del futuro. También puede utilizarse para comprender mejor las experiencias de la vida personal. Durante la búsqueda con la bola de cristal, el practicante enfoca su mirada profundamente en la esfera mientras respira profundamente en un esfuerzo por alcanzar un estado meditative. Una vez aplicados estos métodos, pueden aparecer imágenes en la bola de cristal que se interpretan de acuerdo con las creencias y los conocimientos simbólicos del individuo. Al interpretar estas imágenes, los practicantes deben mantener la mente abierta y no juzgar para poder comprender mejor lo que están viendo. Además de recibir mensajes proféticos, quienes se dedican a esta práctica afirman sentir paz, claridad mental y una mayor intuición.

Las bolas de cristal pueden potenciarse con la magia de Hécate, ya que están enraizadas en la misma energía espiritual de la diosa Hécate.

La magia de Hécate puede incorporarse al escrutinio de la bola de cristal preparando primero el espacio, montando el altar y reuniendo suministros como incienso, velas, hierbas, piedras o cartas del tarot que correspondan a las energías de la diosa. También debe haber un altar con imágenes de Hécate, junto con otros objetos que representen sus dominios, como llaves, monedas y hierbas. Se deben encender velas en tonos morados, negros, plateados o blancos alrededor de la zona como símbolos de la presencia de Hécate. También se puede utilizar mirra o incienso para aumentar las energías que rodean el espacio ritual. A continuación, debe ofrecer una oración o invocación para invocar su espíritu en la sala y permitir que su energía infunda su práctica.

Cuando esté preparado, se debe invocar a Hécate o cantar en voz alta para invocar su guía y su poder. Esta invocación debe expresar gratitud por su presencia y pedir protección contra los peligros que puedan surgir durante la sesión de adivinación. Una vez completada esta invocación, se puede pasar a mirar la bola de cristal para recibir mensajes de reinos espirituales más allá del nuestro.

Una vez que el espacio está preparado y bendecido, es hora de empezar a adivinar con la bola de cristal. Comience sosteniendo la bola con ambas manos mientras se concentra en la energía de Hécate y pide orientación. Hacer preguntas en silencio dentro de sí mismo traerá visiones psíquicas desde las profundidades de la bola de cristal. Enfoque su visión en las profundidades de la esfera como si mirara a través de una ventana hacia otro reino, permitiendo que imágenes y símbolos aparezcan ante su ojo interior para proporcionarle una visión de la pregunta formulada.

Las energías que fluyen a través de la bola de cristal pueden utilizarse para ayudar a interpretar estas visiones. Por ejemplo, si ve símbolos relacionados con la protección o la tutela durante el escrutinio, puede considerar cómo esto se relaciona con la energía protectora de Hécate y reflexionar sobre lo que significa para su vida. Al mirar en la bola de cristal, es importante permanecer abierto y relajado para recibir mejor la información de estos reinos invisibles a través de imágenes visuales o pensamientos que surgen de sí mismo o de fuentes externas. Además, el uso de cartas de tarot con los mismos temas que el reino de Hécate, como la muerte y el renacimiento, el cruce de fronteras o la navegación por la oscuridad, puede mejorar aún más su práctica adivinatoria al proporcionar una interpretación más profunda de los mensajes de la bola de cristal.

Cuando la sesión de adivinación haya terminado, agradezca a Hécate su guía antes de liberar su energía de la habitación. Puede utilizar otra oración o invocación, y el ritual debe terminar con la extinción de las velas o incienso que se hayan utilizado.

La combinación de la bola de cristal con la magia de Hécate permite llegar a una comprensión más profunda del camino de la vida y comprender mejor los misterios del mundo que nos rodea. Como diosa antigua asociada desde hace mucho tiempo a los portales entre los reinos, las energías de Hécate son inestimables para explorar lo desconocido a través de la adivinación. Al invitar a su espíritu en su práctica, usted será capaz de acceder a la poderosa guía de más allá de nuestro reino físico y hacer uso de su magia de una manera segura e informada.

Al incorporar a Hécate en la adivinación con bolas de cristal, se pueden obtener grandes conocimientos conectando con su inmensa energía. Ella utilizará su dominio sobre la magia y el misticismo para ayudarle adecuadamente cuando la invoque. Cuando se hace correctamente, la bola de cristal es una práctica poderosa que puede permitir la exploración más allá del reino físico. Hécate le guiará en su camino si está dispuesto a solicitar su ayuda.

2. Escrutinio con espejo negro

El escrutinio con espejo negro es una antigua práctica psíquica adivinatoria en la que se mira en una superficie, normalmente un espejo negro o de color oscuro, para obtener información, reflejos y conexión. Se ha utilizado desde la antigüedad para conectar con el mundo espiritual y revelar conocimientos ocultos. Las únicas herramientas que se necesitan son una habitación tranquila y oscura, un espejo negro de obsidiana o hematita, o un cuenco o recipiente vacío lleno de agua sin gas. Este proceso estimula la intuición y permite a la persona indagar más profundamente en su subconsciente para comprender situaciones o entenderse mejor a sí misma.

Cuando se practica la adivinación con un espejo negro, se puede invocar la presencia de Hécate para conectar con el mundo de los espíritus y obtener información más allá del velo de la muerte. Para utilizar eficazmente esta magia, es importante comprender la relación entre usted y Hécate. Puede servir tanto de guía como de protectora, ofreciendo su sabiduría cuando se le pide ayuda. Sin embargo, es crucial mostrar respeto y evitar peticiones exigentes o irrespetuosas, ya que Hécate solo responderá de la misma manera.

Para incorporar la magia de Hécate a sus sesiones de adivinación con espejos negros, el primer paso consiste en crear un altar o espacio sagrado para su ritual. Este espacio debe incluir elementos que representen a la diosa y su poder, como una estatua o figurilla, velas, incienso y otros objetos significativos. Meditar sobre estos objetos puede ayudarle a establecer una conexión con Hécate y a abrirse a su influencia. También es importante utilizar energía protectora al invocar a la diosa, por ejemplo dibujando un círculo a su alrededor con sal para crear un límite entre usted y cualquier entidad negativa presente durante el ritual.

Además de crear un espacio sagrado, puede utilizar símbolos asociados con Hécate durante el ritual de adivinación con espejo negro. Por ejemplo, un trisquel, una rueda de tres patas, puede representar el conocimiento adquirido a través de los viajes entre los mundos, simbolizando el proceso de cruzar a los reinos no físicos a través del espejo negro. Puede dibujar una representación del trisquel en la superficie del espejo negro o colocarlo cerca durante el ritual. Además, puede incorporar varias plantas asociadas con Hécate, como la artemisa y la raíz de mandrágora, conocidas por su capacidad para provocar visiones proféticas durante las prácticas adivinatorias. Añadir estas plantas directamente sobre la superficie del espejo negro o colocarlas cerca de él puede aumentar su poder cuando se utilizan dentro de este tipo de trabajo ceremonial dedicado al patrocinio de Hécate.

Además de utilizar símbolos visuales asociados con Hécate, también se pueden utilizar invocaciones verbales durante un ritual de adivinación con espejos negros para pedir guía desde más allá de este reino. Estas invocaciones deben incluir peticiones de perspicacia personal y protección mientras se realizan actividades de adivinación como las que implican espejos. Las invocaciones pueden tomar muchas formas, incluyendo oraciones habladas y recitaciones de poemas, permitiendo a los participantes dar forma a su conexión personal con Hécate de acuerdo a sus necesidades e intenciones para esa sesión en particular.

Una vez que haya creado su altar y establecido una conexión con Hécate, estará listo para empezar a adivinar con el espejo negro. Centre su atención en la superficie oscura del espejo y permítase entrar en un estado meditativo. Mientras visualiza a Hécate en su forma tricéfala, pídale ayuda y guía para comprender lo que hay más allá de la superficie del espejo. En este punto, a muchos practicantes les gusta realizar un ejercicio de visualización guiada o explorar su propia mente en un esfuerzo por descubrir conocimientos ocultos o visiones que puedan aparecer en el reflejo del espejo negro. Mientras mira en sus profundidades, tome nota de cualquier imagen, símbolo o palabra que le venga a la mente, ya que esto puede proporcionarle una valiosa información sobre su comprensión espiritual y su crecimiento personal.

Una vez que sienta que ha explorado sus pensamientos internos y cualquier visión que pueda aparecer en el espejo, agradezca a Hécate su ayuda antes de finalizar el ritual.

La magia hecateana y la adivinación con espejos negros pueden ser una combinación increíblemente poderosa cuando se practican con responsabilidad y respeto por el poder de la diosa. Con sus fuerzas combinadas, puede descubrir verdades interiores y obtener una visión de lo que le espera, lo que le permite tomar decisiones basadas en el conocimiento en lugar del miedo o la incertidumbre.

Al incorporar la magia hecateana en el escrutinio del espejo negro, puede abrirse a un nuevo reino de exploración espiritual y obtener información sobre su vida pasada, su situación actual y sus posibilidades futuras. Cuando se utiliza correctamente, esta poderosa magia puede revelar verdades ocultas sobre sí mismo y ayudar a guiarlo en su viaje hacia el crecimiento personal y la iluminación. Con práctica y dedicación, cualquiera puede utilizar estas técnicas ancestrales para explorar su propio poder y profundizar su conexión con lo divino

3. Tarot/cartas milagrosas

Si le interesa la adivinación, es posible que haya oído hablar del oráculo y las cartas del tarot como herramientas populares para obtener información y orientación. Las cartas del tarot, que constan de 78 naipes, a menudo incorporan símbolos astrológicos, arquetipos y numerología. La interpretación de estas cartas se basa en la intuición del lector y en el simbolismo desarrollado a lo largo de los siglos. Por otro lado, las cartas del oráculo tienen un diseño más sencillo y suelen tener entre 25 y 40 cartas individuales que pueden utilizarse solas o combinadas con otras barajas, y la intuición del lector también interpreta los significados. Personas de todo el mundo han utilizado estas herramientas durante siglos para acceder a la sabiduría superior y obtener información sobre diversas cuestiones.

Si practica la magia de Hécate y está interesado en utilizar las cartas del tarot o del oráculo, puede incorporar la energía de Hécate a sus lecturas. Por ejemplo, puede utilizar imágenes que representen a Hécate, como su forma clásica grecorromana con tres cabezas, en la cara de las cartas. También puede utilizar símbolos asociados a Hécate, como llaves, antorchas, serpientes o perros, para evocar su presencia en la baraja. Con una ofrenda de oración o elementos rituales, puede conectar con su energía para obtener claridad sobre los problemas a los que se enfrenta.

Además, puede incorporar temas estrechamente relacionados con la energía de Hécate, como los ciclos. Las cartas de los arcanos mayores podrían representar los ciclos de vida, muerte y renacimiento con los que tradicionalmente se ha asociado a Hécate. Se pueden utilizar imágenes, como una serpiente comiéndose su propia cola, o símbolos, como una rueda o una espiral, para transmitir estos temas en las lecturas. Muchos practicantes de la brujería hekateana ven las cartas del tarot como recipientes que pueden utilizarse para invocar la guía espiritual de la propia diosa protectora.

El uso de las cartas del tarot o del oráculo en combinación con la magia de Hécate puede ser una herramienta poderosa para obtener información y orientación en su práctica espiritual. Al incorporar la energía y los temas de Hécate en sus lecturas, puede profundizar su conexión con ella y comprender mejor los problemas a los que se enfrenta.

Hécate también tiene una fuerte conexión con la luna, especialmente con las lunas nueva, oscura y menguante, por lo que la incorporación de este elemento a las cartas del oráculo invocaría eficazmente su presencia. Las propias imágenes de las cartas podrían incluir representaciones de lunas crecientes, estrellas, lobos aullando a la luna y otros elementos simbólicos asociados con el ciclo lunar. Del mismo modo, la conexión de Hécate con las encrucijadas y los espacios liminales podría explorarse en las lecturas del tarot utilizando motivos visuales como dos caminos que se encuentran en medio de la nada o un personaje al borde de un acantilado.

Además de los elementos visuales, también se podría invocar su presencia mediante palabras y frases, impresas en las cartas o utilizadas durante las lecturas. Por ejemplo, palabras clave asociadas a Hécate, como "liminal", "ciclo", "camino" o "viaje", pueden invocar su energía. Del mismo modo, afirmaciones como "estoy presente en este momento" también podrían incluirse en el anverso de las cartas del oráculo para recordar a los lectores que no están solos en su viaje y que Hécate está ahí para guiarles.

La magia de Hécate puede incorporarse a la estructura de las propias lecturas de tarot y oráculo. En general, la mayoría de las barajas incorporan tres cartas, cada una de las cuales representa un elemento del pasado, del presente y del futuro. Esto podría ampliarse para representar las tres caras de Hécate en la lectura. Por ejemplo, una carta podría representar su aspecto de doncella (pasado), otra su aspecto de madre (presente) y la tercera su aspecto de arpía (futuro). También se puede utilizar una tirada de nueve cartas para representar el papel de Hécate como diosa triple. En este caso, a cada grupo de tres cartas se le asigna su propio tema o área de enfoque; por ejemplo, un grupo podría centrarse en la curación, mientras que otro grupo podría centrarse en la transformación.

La incorporación de la magia hecateana en las barajas de tarot u oráculo puede ser una excelente forma de mejorar la experiencia de lectura e invocar su energía en la vida cotidiana. A través de motivos visuales, palabras/frases y estructuras de tirada únicas, los lectores pueden acceder de forma interactiva y creativa a la sabiduría de Hécate, que sigue arraigada en las prácticas tradicionales de brujería.

4. Lanzamiento de huesos

La magia hecateana puede incorporarse al lanzamiento de huesos, también conocido como escapulimancia. La adivinación con huesos consiste en tomar un conjunto de huesos de animales y crear una tirada a partir de ellos para buscar patrones que ofrezcan información sobre el futuro o respuestas a preguntas formuladas por el participante en el ritual. Hécate puede ser invocada en este ritual de varias maneras. El lanzamiento de huesos de Hécate es un tipo específico de adivinación con huesos en el que el practicante utiliza talismanes asociados con Hécate, como pinzas de cangrejo de río, plumas de buitre y raíz de mandrágora, para lanzar los huesos y vislumbrar lo que le espera.

Antes de comenzar cualquier trabajo mágico, es importante tener una mentalidad adecuada y centrar las intenciones en lo que se quiere obtener de la experiencia. Para el lanzamiento de huesos hecateano, encienda una vela o incienso dedicado a Hécate y rece una invocación u oración pidiéndole ayuda en su adivinación. Durante el ritual de adivinación, a menudo se hacen ofrendas de incienso para honrar a Hécate e invitar a su protección mientras se trabaja con fuerzas espirituales. El tipo de incienso utilizado suele basarse en hierbas sagradas para Hécate, como el enebro o el ciprés, que se cree que la acercan. Muchos practicantes dibujan un pentáculo en el suelo antes de comenzar el ritual, invocando la presencia de Hécate en él. También se puede colocar cerca un icono o una estatua de Hécate como ofrenda y símbolo de su presencia.

Tras establecer esta conexión con la diosa, elija un conjunto de huesos por el que se sienta atraído. El tipo de hueso utilizado variará en función del practicante. Una vez elegido el conjunto de huesos que prefiera, límpielos en una mezcla de romero y agua salada antes de secarlos y cargarlos de energía mediante la meditación.

Una vez que los huesos están cargados y listos para su uso, es hora de empezar a lanzarlos. Empiece extendiendo un paño blanco en el suelo con el conjunto de huesos que haya elegido en el centro. Coloque ambas manos sobre los huesos y concentre sus intenciones en lo que desea aprender de ellos. Empiece a hacer rodar lentamente los huesos mientras formula una pregunta concreta o se centra en un aspecto de la vida que desee comprender. Mientras hace rodar los huesos, preste mucha atención a cómo interactúan entre sí y si surge algún patrón entre ellos a medida que se mueven por la tela. Cada hueso tendrá su propio significado, así que observe cuáles se acercan más que otros y utilice la intuición para hacer interpretaciones.

Tras completar el lanzamiento de huesos y buscar cualquier patrón que pueda aparecer en él, los practicantes pueden optar por pedir más orientación a Hécate meditando sobre su iconografía o dibujando símbolos adicionales relacionados con ella, como estrellas o llaves. Además, se pueden ofrecer oraciones para pedirle que nos guíe sobre la mejor manera de interpretar lo que se ha recibido a través de la lectura de los huesos.

Una vez que sepa lo que los huesos podrían estar diciéndole, tómese un tiempo para reflexionar sobre sus mensajes y considere cómo podrían relacionarse con su situación actual o su camino futuro. Por último, después de recibir cualquier información obtenida a través de este proceso, es costumbre dar las gracias a Hécate por su ayuda y hacer ofrendas una vez más en señal de gratitud, ya sea verbalmente o con la quema de incienso.

El lanzamiento de huesos de Hécate es una poderosa práctica adivinatoria que puede proporcionar a los practicantes valiosos conocimientos sobre su presente y su futuro. Al conectar con la diosa Hécate y utilizar la intuición para interpretar los mensajes de los huesos, los practicantes pueden comprender mejor sus vidas y tomar decisiones fundamentadas basándose en la información que reciben.

Bonus: Himno órfico a Hécate

Texto traducido:
"Llamo a Hécate de las encrucijadas, adorada en el encuentro de tres caminos, oh encantadora.

En el cielo, la tierra y el mar, se te venera con tus vestiduras color azafrán.

Daimôn fúnebre, celebrando entre las almas de los que han fallecido.

Persa, aficionada a los lugares desiertos, te deleitas con los ciervos.

Diosa de la noche, protectora de los perros, reina invencible.

Arrastrada por un yugo de toros, eres la reina que posee las llaves de todos los cosmos.

Comandante, Nýmphi, nutridora de los niños, tú que rondas las montañas.

Ora, Doncella, asiste a nuestros rituales sagrados;

Sé siempre clemente con tu pastor místico y regocíjate con nuestros dones de incienso".

Texto original griego:
"Εἰνοδίην Ἑκάτην κλήιζω, τριοδῖτιν, ἐραννήν,

οὐρανίην, χθονίαν τε, καὶ εἰναλίην κροκόπεπλον,

τυμβιδίην, ψυχαῖς νεκύων μέτα βακχεύουσαν,

Πέρσειαν, φιλέρημον, ἀγαλλομένην ἐλάφοισιν,

νυκτερίην, σκυλακῖτιν, ἀμαιμάκετον βασίλειαν,

ταυροπόλον, παντὸς κόσμου κληιδοῦχον ἄνασσαν,
ἡγεμόνην, νύμφην, κουροτρόφον, οὐρεσιφοῖτιν,
λισσομένοις κούρην τελεταῖς ὁσίαισι παρεῖναι
βουκόλῳ εὐμενέουσαν ἀεὶ κεχαρηότι θυμῷ".

Conclusión

La diosa Hécate es conocida por tener un lado bueno y otro malo. Es la deidad de la brujería, las puertas, la magia, la luna, la nigromancia y las criaturas asociadas a la noche. El inmenso poder de Hécate es innegable, por lo que algunas personas la asocian con el poder oscuro y el mal. Sin embargo, la mayoría la considera la deidad de la protección y la guía. A menudo se la representa como una hermosa mujer con una antorcha en la mano, lo que significa su asociación con la oscuridad y la noche. También se la suele representar con tres caras, que simbolizan su papel como deidad de las encrucijadas y su capacidad para mirar y vigilar en todas direcciones.

Aunque es una figura muy popular en la mitología griega y en el mundo de la brujería, en un principio nunca fue miembro del panteón griego. Al igual que las deidades Dioniso y Deméter, Hécate tiene su origen en la antigua Tracia, que es anterior a la antigua Grecia. Originalmente, se creía que la diosa gobernaba los mares, los cielos y la tierra. Todas las deidades, incluido Zeus, el rey de los dioses griegos, honraban a Hécate. También era la única deidad de la época que conservaba sus poderes tras aliarse con los olímpicos para derrotar a los titanes.

Con el tiempo, el poder de Hécate se fue definiendo hasta convertirse en la diosa protectora de las brujas, la magia y las encrucijadas que conocemos hoy en día. Los neopaganos la consideran un símbolo destacado de sus prácticas y un arquetipo entre las deidades. Los wiccanos, hasta el día de hoy, la veneran como la diosa de la magia, la oscuridad y la luna.

Ahora que ha leido este libro, ya sabe todo lo que necesita saber sobre Hécate. Conocer su historia, sus relatos, cómo se manifiesta y lo que significa para diferentes personas puede ayudarle a trabajar con ella de forma más eficaz. Conocer todos los símbolos y herramientas asociados a la diosa le permitirá construir el altar perfecto y le dará ideas sobre qué objetos incorporar a su vida diaria. Hacer de los aspectos de Hécate una parte constante de su vida puede ayudarle a fortalecer su relación con ella.

Aprender qué ofrendas dar a Hécate le demuestra cuánto la respeta y la aprecia. Dar a las deidades ofrendas significativas es clave para construir relaciones con ellas. No todas las deidades prefieren las mismas ofrendas, lo que es significativo para una deidad puede ser irrespetuoso para otra. Por eso debe comprobar qué ofrendas son apropiadas para Hécate una vez que haya montado su altar.

Después de leer esta guía definitiva para entender a Hécate, debería haber comprendido cómo se relaciona con ella y haber determinado la mejor manera de llevar a cabo su práctica. Ahora que está listo para empezar a trabajar con la diosa, siempre puede volver a este libro en busca de orientación. Aunque puede que necesite la orientación de un practicante experimentado si desea profundizar, este libro puede ayudarle a comprender los conceptos básicos que necesita para avanzar en su viaje con Hécate.

Vea más libros escritos por Mari Silva

Su regalo gratuito

¡Gracias por descargar este libro! Si desea aprender más acerca de varios temas de espiritualidad, entonces únase a la comunidad de Mari Silva y obtenga el MP3 de meditación guiada para despertar su tercer ojo. Este MP3 de meditación guiada está diseñado para abrir y fortalecer el tercer ojo para que pueda experimentar un estado superior de conciencia.

https://livetolearn.lpages.co/mari-silva-third-eye-meditation-mp3-spanish/

¡O escanee el código QR!

Referencias

(N.d.). Poddtoppen.Se. https://poddtoppen.se/podcast/1481017209/keeping-her-keys/how-to-create-an-altar-of-hekate

(N.d.-a). Pdfgoes.com. https://pdfgoes.com/download/4015389-Hekate%20Liminal%20Rites%20A%20Study%20Of%20The%20Rituals%20Magic%20And%20Symbols%20Of%20The%20Torch%20Bearing%20Triple%20Goddess%20Of%20The%20Crossroads.pdf

(N.d.-b). Pdfgoes.com. https://pdfgoes.com/download/3533918-The%20Temple%20Of%20Hekate%20Exploring%20The%20Goddess%20Hekate%20Through%20Ritual%20Meditation%20And%20Divination.pdf

"HECATE (Hekate) - Diosa griega de la brujería, la magia y los fantasmas". s.f. Theoi.com. https://www.theoi.com/Khthonios/Hekate.html.

"El Deipnon de Hécate", s.f. Hellenion.org. https://www.hellenion.org/festivals/hekates-deipnon/.

"Honor a la reina de la noche, Hécate en su día", s.f. Campaign-archive.com. https://us20.campaign-archive.com/?u=08b2468195beb1c529a55ee1f&id=ad908f9c6a.

"Noumenia". s.f. Hellenion.org. https://www.hellenion.org/festivals/noumenia/.

ASTERIA. (s.f.). Theoi.com. https://www.theoi.com/Titan/TitanisAsteria.html

Bel, Bekah Evie. 2016. "Observando a Hécate Deipnon". Hearth Witch Down Under. 13 de junio de 2016. https://www.patheos.com/blogs/hearthwitchdownunder/2016/06/observing-hekates-deipnon.html.

Brannen, Cyndi. 2020. "Apoyándose en la encrucijada de Hécate en tiempos difíciles". Guardando sus llaves. 20 de mayo de 2020. https://www.patheos.com/blogs/keepingherkeys/2020/05/hekates-crossroads/.

Revista BUST. (2020, 26 de agosto). Deje que el antiguo espíritu de Hécate despierte su diosa oscura interior. Bust.com. https://bust.com/living/197579-hekate-dark-goddess-spirit-witch-empower.html

Cartwright, M. (2017). Hécate. Enciclopedia de la historia mundial. http://worldhistory.org/Hecate/

Cartwright, M. (2017). Hécate. Enciclopedia de la historia mundial. https://www.worldhistory.org/Hecate/

Cosette. 2021. "Observando el Deipnon y la Noumenia, rituales mensuales de Hécate". Sacerdotisa de las horas divinas | Lectora de tarot (blog). Cosette. 21 de octubre de 2021. https://cosettepaneque.com/observing-the-deipnon-and-noumenia-hecates-monthly-rituals/.

Creación de un altar - el pacto de Hécate (CoH). (sin fecha). Hekatecovenant.com. http://hekatecovenant.com/rite-of-her-sacred-fires/useful-info/creating-an-altar/

d'Este, S. (2020, 24 de agosto). La rueda de Hécate y la rueda del iynx. Adamantine Muse. https://www.patheos.com/blogs/adamantinemuse/2020/08/hekates-wheel-the-iynx-wheel/

Dharni, A. (2020, 12 de agosto). Reina de las flores de la noche floreciendo en un vídeo de lapso de tiempo es la naturaleza en su mejor momento. India Times. https://www.indiatimes.com/trending/environment/queen-of-the-night-flowers-blooming-time-lapse-video-520110.html

Erickson, J. (2019, 6 de junio). Hierbas de Hécate. Medium. https://janerickson.medium.com/herbs-of-hecate-8399d08ca8c6

Fields, K. (2020, 21 de enero). Hécate: 15 formas de trabajar con la diosa de la brujería. Oráculo de otro mundo; CONSULTORÍA CREATIVA DE FIELDS. https://otherworldlyoracle.com/hecate-goddess/

Fields, K. (2020, 5 de enero). Magia de llaves, mitos y un hechizo de cerradura y llave para protección. Oráculo de otro mundo. https://otherworldlyoracle.com/key-magic/

Los olímpicos griegos. (s.f.). Mitopedia. https://mythopedia.com/topics/greek-olympians

Greenberg, M. (2021, 22 de marzo). Hécate diosa griega de la brujería: Una guía completa (2022). MythologySource; Mike Greenberg, PhD. https://mythologysource.com/hecate-greek-goddess/

HÉCATE (hekate) - Diosa griega de la brujería, la magia y los fantasmas. (s.f.). Theoi.com. https://www.theoi.com/Khthonios/Hekate.html

Hécate. (s.f.). Hellenicaworld.com. https://www.hellenicaworld.com/Greece/Mythology/en/Hecate.html

Hécate. (s.f.). Mitopedia. https://mythopedia.com/topics/hecate

Hécate: Diosa griega de triple cuerpo, bruja y guardiana de las llaves. (2022, 6 de octubre). Antiguos orígenes. https://www.ancient-origins.net/myths-legends-europe/hecate-0010707

Rueda de Hécate, estrofalos significado, simbolismo, origen y usos. (2021, 29 de septiembre). Símbolos y significados - Su guía definitiva para el simbolismo. https://symbolsandmeanings.net/hecates-wheel-strophalos-meaning-symbolism-origin-uses/

Hechizo del camino abierto de Hécate. (s.f.). Tumblr. https://hekateanwitchcraft.tumblr.com/post/625740934293913600/this-spell-is-similar-to-a-road-opening-spell-but

Protección del hogar de Hécate. (s.f.). Tumblr. https://hekateanwitchcraft.tumblr.com/post/631719732022771712/hekatean-home-protection

hekateanwitchcraft. (n.d.). Tumblr. https://hekateanwitchcraft.tumblr.com/post/139478162262/hi-i-thought-your-posts-about-your-epithet-for

Huanaco, F. (2021, 8 de junio). Hécate: Diosa símbolos, correspondencias, mito y ofrendas. Hechizos8. https://spells8.com/lessons/hecate-goddess-symbols/

Jasón. (s.f.). Mitopedia. https://mythopedia.com/topics/jason

Kabir, S. R. (2022, 27 de septiembre). Hécate: La diosa de la brujería en la mitología griega. Cooperativa de historia; La cooperativa de historia. https://historycooperative.org/hecate-goddess-of-witchcraft/

Keys, K. H. (s.f.). Hécate: Altares y ofrendas. Guardando sus llaves. https://keepingherkeys.com/blog/f/creating-altars-and-shrines

Keys, K. H. (s.f.). Hécate: La guardiana de las llaves. Guardando sus llaves. https://keepingherkeys.com/blog/f/hekate-the-keeper-of-keys

Kyteler, E. (s.f.). Ofrendas herbales para Hécate. Eclecticwitchcraft.com https://eclecticwitchcraft.com/hecate-herbal-offerings/

Mackay, D. (2021, 27 de junio). Todo lo que necesita saber sobre Hécate (doncella, madre, arpía). TheCollector. https://www.thecollector.com/hecate-goddess-magic-witchcraft/

Encuentro con Hécate en su encrucijada - Meditación guiada. (s.f.). SoundCloud. https://soundcloud.com/thewitchespath/meeting-hekate-at-her-crossroads-guided-meditation

Mi receta de aceite de Hécate. (s.f.). Tumblr. https://hekateanwitchcraft.tumblr.com/post/627289683874988032/my-hekate-oil-recipe

Oración nocturna a Hécate. (s.f.). Tumblr. https://hekateanwitchcraft.tumblr.com/post/136232812112/nightly-prayer-to-hekate

PHOEBE (phoibe) - Diosa titán griega del oráculo de Delfos. (s.f.). Theoi.com. https://www.theoi.com/Titan/TitanisPhoibe.html

Oración de devoción a Hécate. (s.f.). Tumblr. https://hekateanwitchcraft.tumblr.com/post/158919116652/prayer-of-devotion-for-hekate

Rhys, D. (2020a, 20 de agosto). La rueda de Hécate - orígenes y significado. Símbolo sabio. https://symbolsage.com/hecate-wheel-symbolism-and-meaning/

Rhys, D. (2020b, 9 de septiembre). Hécate - diosa griega de la magia y los hechizos. Símbolo sabio. https://symbolsage.com/greek-goddess-of-magic/

Signos de Hécate. (s.f.). Tumblr. https://hekateanwitchcraft.tumblr.com/post/629191173466112000/signs-from-hekate

Pequeñas formas de incorporar el culto/devoción a Hécate en su vida cotidiana. (s.f.). Tumblr. https://hekateanwitchcraft.tumblr.com/post/630069116650356736/small-ways-to-incorporate-hekate-worshipdevotion

Empezando por Hécate. (sin fecha). Tumblr. https://hekateanwitchcraft.tumblr.com/post/141027130657/starting-with-hekate

Tarotpugs, /. (2017, 28 de octubre). Tirada de tarot de Hécate. TarotPugs. https://tarotpugs.com/2017/10/28/hekate-tarot-spread/

Los editores de la enciclopedia británica. (2023). Hécate. En la enciclopedia Británica.

El árbol de eldrum. (2016, 20 de enero). Las hierbas de Hécate - primera parte. Eldrum.es. https://eldrum.co.uk/2016/01/20/hecates-herbs-part-one/

El himno órfico a Hécate Ækáti. (s.f.). HellenicGods.org. https://www.hellenicgods.org/the-orphic-hymn-to-hecate-aekati---hekate

Thompson, E. (2019, 30 de abril). Cómo hacer una rejilla de cristal, una guía paso a paso. Almanac Supply Co. https://almanacsupplyco.com/blogs/articles/how-to-make-a-crystal-grid

Turnbull, L. (2022, 27 de octubre). Hécate: Diosa griega de la encrucijada. Regalo de la diosa; El camino de la diosa. https://goddessgift.com/goddesses/hecate/

Uk, C. L. [@charmedlifeuk3341]. (2021, 6 de febrero). Meditación de Hécate- viaje guiado a la cueva de la diosa Hécate para recibir su guía.

Caro, T. (2021, 31 de julio). Creación de un poderoso altar para Hécate (una guía rápida de bricolaje). Punto mágico. https://magickalspot.com/altar-for-hecate/

Welch, M. (2021, 29 de agosto). ¡Secuestrada! La impactante historia de Perséfone y Hades. ¿Qué es la brujería hecateana? (s.f.). Tumblr. https://www.definitelygreece.com/the-story-of-persephone-and-hades/

¿Qué es la brujería hecateana? (s.f.). Tumblr. https://hekateanwitchcraft.tumblr.com/post/631201126976471040/what-is-hekatean-witchcraft

Willett, J., & Tucson, T. I. (2019, 22 de junio). 5 cosas que saber sobre la misteriosa reina de los cactus, el cereus de floración nocturna. Esto es Tucson

www.ingramcontent.com/pod-product-compliance
Lightning Source LLC
Chambersburg PA
CBHW051846160426
43209CB00006B/1187